Nuevo manual de meditación

Para los principiantes se sugiere el siguiente orden en la lectura o estudio de los libros del venerable Gueshe Kelsang Gyatso Rimpoché

Cómo transformar tu vida
Cómo comprender la mente
El camino gozoso de buena fortuna
El espejo del Dharma
Nuevo corazón de la sabiduría
Budismo moderno
Caminos y planos tántricos
Nueva guía del Paraíso de las Dakinis
Esencia del vajrayana
Las instrucciones orales del Mahamudra
Gran tesoro de méritos
Nuevo ocho pasos hacia la felicidad
Introducción al budismo
Cómo solucionar nuestros problemas humanos
Tesoro de contemplación
El voto del Bodhisatva
Compasión universal
Nuevo manual de meditación
Una vida con significado, una muerte gozosa
Océano de néctar
Gema del corazón
La luz clara del gozo
Mahamudra del tantra

Guía de las obras del Bodhisatva, de Shantideva, traducido del tibetano al inglés por Guenla Kelsang Thubten bajo la compasiva guía del venerable Gueshe Kelsang Gyatso Rimpoché.

Este libro se ha publicado bajo los auspicios del
Proyecto Internacional de Templos de la NKT–IKBU
y los beneficios de su venta se destinan a dicho proyecto.
La NKT–IKBU es una organización budista sin ánimo de lucro dedicada a fomentar la paz en el mundo, registrada en Inglaterra con el número 1015054. Para más información:
www.tharpa.com/es/vision-paz-mundo

Venerable Gueshe Kelsang
Gyatso Rimpoché

Nuevo manual de meditación

MEDITACIONES PARA UNA VIDA
FELIZ Y LLENA DE SIGNIFICADO

Editorial Tharpa
ESPAÑA • MÉXICO • ARGENTINA
REINO UNIDO • EE. UU. • CANADÁ
AUSTRALASIA • ASIA

Título original: *The New Meditation Handbook*.
Editado por primera vez en inglés con el título *A Meditation Handbook*
en 1990; segunda edición en 1993, tercera edición en 1995 y publicado
en su cuarta edición con el título *The New Meditation Handbook* en el 2003.
Quinta edición en el 2013 y reimpresa en el 2016.

Tharpa tiene oficinas en varios países del mundo.
Los libros de Tharpa se publican en numerosas lenguas.
Para más detalles véase la página 215.

Editorial Tharpa
C/ Fábrica, 8
28221 Majadahonda,
Madrid, España
Tel.: (+34) 91 1124914
info.es@tharpa.com
www.tharpa.com/es

Traducción: Departamento de traducción de Editorial Tharpa España

Cuarta edición publicada como *Nuevo manual de meditación*, 2005.

Diseño de la cubierta e ilustraciones interiores: Tharpa Publications.

ISBN: 978-84-15849-21-6. – Rústica
Depósito legal: MA 513-2013.
Impreso en España/Printed in Spain
Imprenta Solprint, Málaga

Índice general

Nota del departamento de traducción

Deseamos señalar que a lo largo del texto los nombres propios en tibetano se han escrito según un sistema fonético básico. Debido a que en la lengua tibetana hay muchos sonidos que no existen en español, la introducción de estos fonemas es ineludible. Por ejemplo, en tibetano hay una consonante que se pronuncia *ya* y otra *yha*, como la *j* inglesa. Así, en Manyhushri, Yhe Tsongkhapa, etcétera, la *yha* ha de pronunciarse como la *j* inglesa.

Para representar los términos sánscritos se ha seguido un sistema simple de transliteración, porque evoca la pureza de la lengua original de la que proceden. Así, se ha escrito *Dharma* y no Darma, *Sangha* y no Sanga, etcétera. No obstante, se ha optado por castellanizar algunos términos y sus derivados, como Buda, budismo, Budeidad, etcétera, por estar más asimilados a nuestra lengua. *Tantra* y *Sutra* con mayúscula se refieren a los textos de Buda Shakyamuni en los que se muestran estos senderos, y con minúscula, a los caminos espirituales propiamente dichos. Las palabras extranjeras se han escrito en cursiva solo la primera vez que aparecen en el texto.

En la transcripción de un texto, cuando se ha omitido un fragmento del original se ha indicado con el signo de puntos encorchetados, tres puntos entre corchetes ([...]), colocado en el lugar del texto suprimido.

El verbo realizar se utiliza en ocasiones con el significado de 'comprender', dándole así una nueva acepción como término budista.

Sigue el camino hacia la iluminación

Prefacio

Buda, el fundador del budismo, apareció en este mundo en el año 624 a. de C. Al igual que los médicos prescriben diferentes remedios para cada enfermedad, Buda dio distintas instrucciones según los problemas y capacidad de cada persona. En total, Buda impartió ochenta y cuatro mil clases de enseñanzas o *Dharma*. Una de las más importantes está recogida en el *Sutra de la perfección de la sabiduría*, que en tibetano consta de doce volúmenes traducidos del sánscrito. Para ayudarnos a integrar estas enseñanzas en la vida diaria, el maestro budista Atisha escribió *La lámpara del camino hacia la iluminación*, conocido como *Etapas del camino* o *Lamrim* en tibetano. Aunque este texto es muy breve, contiene el significado de todo el *Sutra de la perfección de la sabiduría*.

Más tarde, el maestro tibetano Yhe Tsongkhapa compuso un comentario extenso, otro medio y otro conciso a las enseñanzas del Lamrim de Atisha. He preparado este nuevo manual basándome en los comentarios del Lamrim de Yhe Tsongkhapa para facilitar a las personas que viven en la sociedad actual la comprensión y práctica de este sagrado Dharma conocido como *Lamrim Kadam*. En la primera parte de esta obra se exponen los fundamentos del camino a la iluminación, y en la segunda, el camino propiamente dicho. Para una descripción más detallada, véanse los libros *Budismo moderno, Cómo transformar tu vida* y *El camino gozoso de buena fortuna*.

A quien lea el presente libro con sinceridad y buena motivación, libre de creencias negativas, puedo garantizarle que recibirá grandes beneficios y que aumentará su felicidad en la vida diaria.

Gueshe Kelsang Gyatso,
Estados Unidos de América,
marzo del 2003.

PRIMERA PARTE

Fundamentos

INTRODUCCIÓN

El *Nuevo manual de meditación* es una guía práctica para la meditación. En él se nos enseña a ser felices y a hacer felices a los demás. Aunque deseamos ser felices en todo momento, no sabemos cómo lograrlo y a menudo acabamos con nuestra felicidad al enfadarnos y generar otras perturbaciones mentales. El maestro budista Shantideva dice:

> «[...]
> y aunque desean la felicidad,
> debido a su ignorancia la destruyen como si fuera su enemigo».

Creemos que con solo mejorar las condiciones externas podemos ser verdaderamente felices. Motivados por esta creencia, numerosos países han conseguido notables progresos materiales. Sin embargo, como podemos comprobar, esto no nos hace realmente felices ni reduce nuestros problemas, sino que por el contrario nos causa más dificultades y sufrimiento, y nos hace correr grandes riesgos. Debido a que hemos contaminado el medio ambiente, el agua y el aire, nuestra salud se está deteriorando y las enfermedades se extienden por todo el mundo. Nuestras vidas son más complicadas, somos más infelices y tenemos más preocupaciones. Ahora tenemos más problemas y corremos más riesgos que nunca. Esto demuestra que no es posible ser felices mejorando solo las condiciones externas. Por supuesto que necesitamos cubrir nuestras necesidades básicas, pero las condiciones externas solo pueden hacernos felices si tenemos una mente apacible. De lo contrario, nunca seremos felices aunque las condiciones externas sean perfectas. Si, por ejemplo, nos estamos divirtiendo en una fiesta con nuestros amigos y nos enfadamos, de inmediato dejamos de ser felices. Esto se debe a que el enfado perturba nuestra paz interior.

Sin paz interior no hay verdadera felicidad. Cuanto más controlemos nuestra mente, más aumentará nuestra paz interior y más felices seremos. Por lo tanto, el verdadero método para ser felices es controlar nuestra mente. De este modo, en particular si controlamos el enfado, el apego y sobre todo el aferramiento propio, nuestros problemas desaparecerán, disfrutaremos de profunda paz interior y seremos felices en todo momento. Puesto que los problemas, el sufrimiento y la infelicidad no existen fuera de la mente, sino que son sensaciones, forman parte de nuestra mente. Por lo tanto, la única manera de solucionar nuestros problemas de manera permanente, ser verdaderamente felices y hacer felices a los demás es controlando nuestra mente.

Las prácticas de meditación que se presentan en este libro son los métodos propiamente dichos para controlar la mente. Puesto que cada persona tiene diferentes deseos y capacidades, se incluyen diversas prácticas de meditación. Al principio debemos elegir el nivel con el que nos sintamos más cómodos y mejorar nuestra comprensión y familiaridad para después ir avanzando de manera gradual a niveles más elevados. Si practicamos regularmente estas meditaciones con paciencia y entusiasmo, alcanzaremos la meta última de nuestra vida humana.

¿Cuál es la meta última de nuestra vida humana? ¿Qué es para nosotros lo más importante para ser felices? ¿Es acaso tener un cuerpo atractivo o mucho dinero, una buena reputación, fama y poder o una vida excitante y llena de aventuras? Es posible que pensemos que si encontrásemos un lugar adecuado para vivir, tuviésemos grandes posesiones, un buen trabajo, buenos amigos y el compañero ideal, es decir, si todo fuera perfecto, seríamos verdaderamente felices. En consecuencia, invertimos todo nuestro tiempo y energía en intentar reorganizar el mundo para alcanzar estos objetivos. En ocasiones lo logramos, pero solo en cierta medida y de forma temporal. Por mucho que consigamos crear las condiciones externas aparentemente perfectas, siempre encontraremos inconvenientes y nunca podrán proporcionarnos la felicidad duradera que tanto deseamos. Si el principal objetivo de nuestra vida es encontrar la felicidad en las condiciones externas, tarde o temprano nos sentiremos decepcionados porque ninguna de ellas podrá ayudarnos en el momento de la muerte. Como fin, en sí mismos, los logros mundanos son vacíos, no constituyen la verdadera esencia de nuestra existencia humana.

En el pasado, cuando los seres humanos tenían más méritos, se dice que existían gemas que podían colmar deseos. Sin embargo, estos objetos mundanos tan valiosos solo concedían felicidad contaminada, y no la felicidad no contaminada que surge de una mente pura. Además, una gema que colma todos los deseos solo podía beneficiar a su dueño durante una vida, no podía protegerlo en las futuras. Por lo tanto, al final, incluso estas gemas nos decepcionan.

Lo único que nunca nos va a decepcionar es el logro de la iluminación total. ¿Qué es la iluminación? Es la sabiduría omnisciente libre de todas las apariencias equívocas. Aquel que posee esta sabiduría es un ser iluminado, un Buda. Con excepción de los Budas, todos los demás seres tienen apariencias equívocas en todo momento, día y noche, incluso en sueños.

Todo lo que percibimos aparece como si existiera por su propio lado. Esta es la apariencia equívoca. Percibimos «yo» y «mío» como si existieran por su propio lado y nos aferramos a estas apariencias con intensidad creyendo que son verdaderas –esta es la mente ignorante de aferramiento propio–. Como resultado, cometemos numerosas acciones inapropiadas que nos causan sufrimiento. Esta es la razón principal por la que sufrimos. Los seres iluminados se han liberado por completo de las apariencias equívocas y de los sufrimientos que provocan.

Solo cuando alcancemos la iluminación podremos colmar nuestro más profundo deseo de disfrutar de felicidad pura y duradera, porque nada en este mundo impuro tiene el poder de cumplirlo. Solo cuando nos convirtamos en un Buda, un ser totalmente iluminado, disfrutaremos de la paz profunda y duradera que surge de la cesación permanente de todas las perturbaciones mentales y de sus impresiones, estaremos libres de todas las faltas y obstrucciones mentales, y poseeremos las cualidades necesarias para ayudar de manera directa a todos los seres sintientes. Entonces nos convertiremos en un objeto de refugio para todos los seres.

Si comprendemos esto, podremos ver con claridad que el logro de la iluminación es la meta última y lo que da verdadero sentido a nuestra preciosa vida humana. Puesto que nuestro deseo principal es ser felices en todo momento y liberarnos por completo de todas las faltas y sufrimientos, hemos de generar la intención sincera de alcanzar la iluminación. Para ello, debemos pensar lo siguiente: «Tengo que alcanzar la iluminación porque en este mundo impuro no existe la verdadera felicidad».

¿QUÉ ES LA MEDITACIÓN?

La meditación es la mente que se concentra en un objeto virtuoso, y es la causa principal de la paz mental. La práctica de la meditación es un método para familiarizar nuestra mente con la virtud. Cuanto más nos familiaricemos con la práctica de la virtud, de mayor paz y tranquilidad disfrutaremos. Cuando nuestra mente está serena, dejamos de tener preocupaciones y problemas, y experimentamos verdadera felicidad. Si cultivamos una mente tranquila y apacible, gozaremos de felicidad continua aunque tengamos que enfrentarnos con las circunstancias más adversas. En cambio, si carecemos de paz mental, por muy agradables que sean las condiciones externas que nos rodean, no seremos felices. Por ello, es de suma importancia que nos adiestremos en la meditación.

Cada vez que meditamos estamos realizando una acción que nos hará experimentar paz interior en el futuro. Normalmente tenemos perturbaciones mentales, lo opuesto a la paz interior, día y noche durante toda la vida. No obstante, en ocasiones gozamos de paz interior de forma natural. Esto se debe a que en vidas pasadas nos concentramos en objetos virtuosos. Un objeto virtuoso es aquel que apacigua nuestra mente cuando nos concentramos en él. Si como resultado de concentrarnos en un objeto generamos una mente desapacible, como el enfado o el apego, significa que este objeto es perjudicial para nosotros. También hay muchos objetos neutros que no son virtuosos ni perjudiciales.

La meditación puede ser de dos tipos: analítica o de emplazamiento. La meditación analítica consiste en contemplar el significado de cualquier enseñanza espiritual que hayamos leído o escuchado. La contemplación profunda de esta enseñanza nos conducirá a una conclusión definitiva o a generar un determinado estado mental virtuoso. Esta conclusión o estado mental virtuoso es el objeto de la meditación de emplazamiento. Entonces nos concentramos de manera convergente en esta conclusión o estado virtuoso sin distracciones durante tanto tiempo como podamos para familiarizarnos profundamente con él. Esta concentración convergente es la meditación de emplazamiento. El término *contemplación* suele utilizarse para referirse a la meditación analítica, y *meditación*, a la meditación de emplazamiento. La meditación de emplazamiento depende de la meditación analítica, y esta, de la escucha o lectura de las enseñanzas espirituales.

BENEFICIOS DE LA MEDITACIÓN

El propósito de la meditación es pacificar y calmar la mente. Como ya se ha mencionado, cuando nuestra mente está serena, dejamos de tener preocupaciones y aflicciones, y por ello disfrutamos de verdadera felicidad; pero si nuestra mente no está tranquila, por muy agradables que sean las condiciones externas que nos rodean, no podremos ser felices. Si nos adiestramos en la meditación, iremos descubriendo mayor paz en nuestro interior y disfrutaremos de una felicidad cada vez más pura. Finalmente, gozaremos de felicidad en todo momento, aunque tengamos que enfrentarnos con las circunstancias más adversas.

Por lo general, nos resulta difícil controlar nuestra mente. Es inestable y vulnerable a las circunstancias externas, como un globo a merced de los caprichos del viento. Cuando las cosas marchan bien, nos ponemos contentos, pero en caso contrario enseguida nos sentimos mal. Por ejemplo, si conseguimos lo que queremos, como nuevas posesiones, un mejor puesto de trabajo o una pareja, nos entusiasmamos y nos aferramos a ello con intensidad. Sin embargo, como no es posible cumplir todos nuestros deseos y es inevitable que algún día tengamos que separarnos de nuestras posesiones y amigos y perder nuestro prestigio social, esta adherencia mental o apego solo nos causa sufrimiento. Por otro lado, cuando no logramos lo que deseamos o perdemos algo que nos gusta, nos desanimamos o nos sentimos molestos. Por ejemplo, si nos vemos obligados a trabajar con una persona que nos resulta desagradable, es probable que nos pongamos de mal humor y nos sintamos disgustados; en consecuencia, no somos eficientes y el trabajo nos produce estrés e insatisfacción.

Sufrimos estos cambios en nuestro estado de ánimo porque nos involucramos demasiado en las situaciones externas. Somos como niños que se emocionan al construir un castillo de arena en la playa, pero se ponen a llorar cuando las olas lo destruyen. Al practicar la meditación, creamos un espacio en nuestro interior y una claridad mental que nos permiten controlar nuestra mente sean cuales sean las circunstancias externas. De manera gradual adquirimos una estabilidad mental que nos permite estar siempre felices en lugar de oscilar entre los extremos de la euforia y el desaliento.

Si practicamos la meditación con regularidad, finalmente lograremos eliminar las perturbaciones mentales, la causa de todos nuestros problemas y sufrimientos. De este modo, disfrutaremos de paz interior permanente. A partir de entonces, día y noche, vida tras vida, solo experimentaremos paz y felicidad.

Al principio, aunque nos parezca que no avanzamos en la meditación, debemos recordar que solo con poner esfuerzo en practicarla estamos creando el karma mental para disfrutar de paz interior en el futuro. La felicidad de esta vida y de las futuras depende de nuestra experiencia de paz interior, que a su vez lo hace de la acción mental de la meditación. Puesto que la paz interior es la fuente de toda felicidad, la práctica de la meditación es muy importante.

CÓMO COMENZAR A MEDITAR

La primera etapa de la meditación consiste en disipar las distracciones y lograr más claridad y lucidez mentales, lo cual se puede conseguir con un ejercicio sencillo de respiración. Primero elegimos un lugar tranquilo para meditar y nos sentamos en una postura cómoda. Podemos sentarnos en la postura tradicional, con las piernas cruzadas, o en cualquier otra posición que nos resulte confortable. Si lo preferimos, nos podemos sentar en una silla. Lo más importante es mantener la espalda recta para evitar caer en un estado de sopor o somnolencia.

Mantenemos los ojos entreabiertos y enfocamos nuestra atención en la respiración. Respiramos con naturalidad, preferiblemente a través de los orificios nasales, sin pretender controlar este proceso, e intentamos ser conscientes de la sensación que produce el aire al entrar y salir por la nariz. Esta sensación es el objeto de meditación. Nos concentramos en ella e intentamos olvidar todo lo demás.

Al principio, descubriremos que nuestra mente está muy ocupada y es posible que pensemos que la meditación la agita todavía más, pero, en realidad, lo que ocurre es que empezamos a ser conscientes del estado mental en que nos encontramos. Además, tendremos una gran tentación de seguir los diferentes pensamientos que vayan surgiendo, pero hemos de resistirla y concentrarnos en la sensación que se produce al respirar. Si descubrimos que nuestra mente se distrae con pensamientos e ideas, hemos de volver de inmediato a la respiración. Repetimos este ejercicio tantas veces como sea necesario hasta que la mente se concentre en la respiración.

Si practicamos de este modo con paciencia, las distracciones irán disminuyendo y experimentaremos una sensación de serenidad y relajación. Nuestra mente se volverá lúcida y espaciosa, y nos sentiremos restablecidos. Cuando el mar está encrespado, el sedimento del fondo se agita y el agua se enturbia; pero cuando el viento cesa, el lodo se deposita en el fondo de manera gradual y el agua se vuelve transparente. Del mismo modo, cuando por medio de la concentración en la respiración logramos calmar el flujo incesante de las distracciones, nuestra mente se vuelve especialmente lúcida y clara. Entonces intentamos permanecer en ese estado de calma mental durante un tiempo.

Aunque este ejercicio de respiración no es más que una etapa preliminar de la meditación, resulta muy eficaz. Esta práctica es una prueba de que podemos experimentar paz interior y satisfacción con solo controlar la mente, sin tener que depender de las condiciones externas. Cuando la turbulencia de las distracciones disminuye y la mente se calma, surge de forma natural en nuestro interior un sentimiento profundo de felicidad y satisfacción que nos ayuda a hacer frente al ajetreo y las dificultades de la vida diaria. Gran parte de las tensiones o el estrés que sufrimos tienen su origen en la mente, y muchos de nuestros problemas, incluida la mala salud, son provocados o agravados por el estrés. Con solo practicar la meditación en la respiración durante diez o quince minutos al día, podremos reducir nuestro estrés. Entonces, experimentaremos una gran sensación de tranquilidad, y muchos de nuestros problemas cotidianos se desvanecerán. Sabremos manejar mejor las situaciones difíciles, nos sentiremos más cerca de los demás, seremos más atentos con ellos y nuestras relaciones mejorarán de manera gradual.

Hemos de adiestrarnos en esta meditación preliminar hasta reducir las distracciones burdas, y luego podemos practicar las veintiuna meditaciones propiamente dichas que se exponen en el presente libro. Para realizar estas meditaciones, comenzamos calmando la mente con este ejercicio de respiración tal y como se ha descrito, y continuamos con las meditaciones analíticas y de emplazamiento siguiendo las instrucciones que correspondan en cada caso.

CONOCIMIENTOS BÁSICOS QUE SE REQUIEREN PARA MEDITAR

Para practicar las meditaciones que se exponen en los siguientes capítulos es imprescindible creer en la reencarnación y en el karma. Por ello, a continuación se describe con brevedad el proceso de la muerte y el renacimiento, y los diversos lugares donde podemos renacer.

La mente no es un objeto material ni un subproducto de procesos físicos, sino una entidad continua e inmaterial distinta del cuerpo. Cuando el cuerpo se desintegra al morir, la mente no cesa, aunque nuestra mente consciente superficial sí lo haga al disolverse en un plano de consciencia más profundo –la mente muy sutil–, cuyo continuo no tiene principio ni fin. Esta es la mente que se transforma en la mente omnisciente de un Buda cuando la purificamos por completo.

Cada acción que realizamos imprime una huella o potencial en nuestra mente muy sutil que, con el tiempo, produce su correspondiente resultado. Nuestra mente es comparable a un campo de siembra, y las acciones que realizamos, a las semillas que en él se plantan. Las acciones virtuosas siembran las semillas de nuestra felicidad futura, y las perjudiciales, las de nuestro sufrimiento. Estas semillas permanecen latentes en nuestra mente hasta el momento en que se reúnen las condiciones necesarias para su germinación y, entonces, producen su efecto. En algunos casos, desde que se realiza la acción original hasta que maduran sus consecuencias, pueden transcurrir varias vidas.

Las semillas que brotan en el momento de la muerte son muy importantes porque determinan el tipo de renacimiento que vamos a tener en la próxima vida. El que madure un tipo u otro de semillas durante la muerte depende del estado mental en que nos encontremos en ese momento. Si morimos con una mente apacible, germinarán las semillas virtuosas y, en consecuencia, renaceremos en un reino afortunado. Sin embargo, si morimos con una mente alterada, por ejemplo, enfadados, se activarán las semillas negativas y renaceremos en un reino desafortunado. Este proceso es parecido al modo en que surgen las pesadillas por habernos ido a dormir con una mente agitada e intranquila.

La elección de esta analogía no es fortuita porque, en realidad, el proceso de dormir, soñar y despertar es muy semejante al de la muerte, el estado intermedio y el renacimiento. Cuando nos dormimos, los aires internos burdos se reúnen y disuelven en el *chakra* del corazón, en el canal central, y la mente se vuelve cada vez más sutil hasta que se transforma en la mente muy sutil de la luz clara del dormir. Cuando esta se manifiesta, experimentamos el sueño profundo y parece como si estuviésemos muertos. Cuando este estado cesa, la mente se vuelve cada vez más burda y experimentamos las diversas fases del sueño. Finalmente, recuperamos el poder de la memoria y el control mental, y nos despertamos. Cuando esto ocurre, el mundo onírico desaparece y percibimos el mundo de vigilia.

Cuando nos morimos, ocurre un proceso similar. Al morir, los aires internos se disuelven en nuestro interior y nuestra mente se vuelve cada vez más sutil, hasta que se manifiesta la mente muy sutil de la luz clara de la muerte. La experiencia de la luz clara de la muerte es muy parecida a la del sueño profundo. Cuando la luz clara de la muerte cesa, experimentamos las etapas del estado intermedio o *bardo* en tibetano, que es como un estado onírico que ocurre entre la muerte y el renacimiento. Al cabo de unos días o semanas, el estado intermedio cesa y, entonces, renacemos. Al despertar de un sueño, el mundo onírico desaparece y percibimos el mundo del estado de vigilia. Del mismo modo, cuando renacemos, las apariencias del estado intermedio cesan y percibimos el mundo de nuestra nueva vida.

La diferencia principal entre el proceso de dormir, soñar y despertar, y el de la muerte, el estado intermedio y el renacimiento, consiste en que cuando la luz clara del dormir cesa, se mantiene la conexión entre la mente y el cuerpo, mientras que cuando la luz clara de la muerte cesa, esta conexión se rompe.

Durante el estado intermedio experimentamos diferentes visiones que son el resultado de las semillas kármicas que se activaron en el instante anterior a nuestra muerte. Si estas semillas fueron perjudiciales, tendremos visiones angustiosas como pesadillas, pero si fueron virtuosas, las visiones serán por lo general agradables. En ambos casos, cuando las semillas kármicas maduren por completo, nos impulsarán a renacer en uno u otro de los seis reinos del samsara.

Los seis reinos son lugares reales donde podemos renacer. Estos lugares son creados por el poder de nuestras acciones o karma. Hay tres clases de acciones: físicas, verbales y mentales. Puesto que todas las acciones físicas y verbales van precedidas de una acción mental, una intención, en realidad los seis reinos son creados por la mente. Por ejemplo, el reino de los infiernos es el lugar que surge como consecuencia de las acciones más destructivas, como matar o causar daños físicos o mentales de extrema crueldad, que cometemos bajo la influencia de los estados mentales más perturbados.

Para tener una imagen clara de los seis reinos, podemos compararlos con las plantas de una gran y vieja mansión. En esta analogía, la mansión simboliza el samsara, el ciclo de renacimientos contaminados al que están sometidos los seres ordinarios sin elección ni control. Esta casa tiene una planta baja, dos pisos y tres sótanos, y la ocupan los ignorantes seres sintientes, que suben y bajan sin cesar. Unas veces residen en las plantas superiores, y otras, en las inferiores.

La planta baja representa el reino humano. Por encima, en el primer piso, está el reino de los semidioses, seres no humanos que están en guerra permanente contra los dioses. Desde el punto de vista de su poder y prosperidad, los semidioses son superiores a los humanos, pero están tan obsesionados por los celos y la violencia, que sus vidas poseen escaso valor espiritual.

En el piso más alto viven los dioses. Los de la clase inferior, los dioses del reino del deseo, disfrutan de una lujosa vida de holgura y placer, y dedican el tiempo al goce y satisfacción de los sentidos. Aunque su mundo es paradisíaco y gozan de gran longevidad, no son inmortales y finalmente vuelven a renacer en estados inferiores. Debido a que sus vidas están llenas de distracciones, es difícil que generen la intención de emprender una práctica de Dharma, las enseñanzas de Buda. Desde el punto de vista espiritual, la vida humana tiene mucho más sentido que la de los dioses.

Por encima de los dioses del reino del deseo se encuentran los del reino de la forma y los del reino inmaterial. Los dioses del reino de la forma han trascendido el deseo sensual, tienen cuerpos de luz y experimentan el gozo sublime de la absorción meditativa. Los dioses del reino inmaterial han trascendido incluso estas formas sutiles, carecen de cuerpo físico y permanecen en un estado de consciencia sutil similar al espacio infinito. Aunque sus mentes son las más elevadas y puras dentro del samsara, no han eliminado la ignorancia del aferramiento propio, la raíz del samsara, y por ello, tras haber disfrutado de gozo durante numerosos eones, sus vidas terminan y vuelven a renacer en los reinos inferiores. Al igual que los otros dioses, consumen los méritos que habían acumulado en el pasado y no progresan nada, o muy poco, en el camino espiritual.

Se dice que la planta baja y los dos pisos superiores son reinos afortunados porque las experiencias de los seres que renacen en ellos son relativamente placenteras, como consecuencia de haber practicado la virtud. En los sótanos se encuentran los tres reinos inferiores, que son el resultado de las acciones físicas, verbales y mentales perjudiciales. El reino animal, representado en esta analogía por el primer sótano, es el menos terrible de los tres. En él habitan todos los mamíferos, excepto los humanos, así como las aves, los peces, los insectos, los gusanos, etcétera, todo el reino animal. Sus mentes se caracterizan por una falta total de consciencia espiritual y sus vidas están dominadas principalmente por el miedo y la brutalidad.

En el segundo sótano habitan los espíritus ávidos o hambrientos. Las causas principales para renacer en este reino son el deseo egoísta de poseer más y las acciones perjudiciales motivadas por la avaricia. La consecuencia de estas acciones es vivir en una pobreza extrema. Estos seres padecen de manera continua de hambre y sed insaciables, que les resultan insoportables. Su mundo es un inmenso desierto. Si consiguen encontrar alguna gota de agua o restos de comida, al aproximarse desaparecen como un espejismo o se convierten en algo repulsivo, como un montón de pus y orina. Estas apariencias son el resultado de su karma negativo y falta de méritos.

En el último sótano está el reino de los infiernos, cuyos habitantes padecen tormentos incesantes. Algunos infiernos son masas asfixiantes de fuego, y otros, regiones desoladas, heladas y oscuras. Monstruos aterradores creados por la propia mente de los seres de los infiernos les infligen las más horrendas torturas. Este sufrimiento continúa implacable durante tanto tiempo que parece una eternidad, pero finalmente, el karma de renacer en los infiernos se consume, estos seres mueren y renacen en otro lugar del samsara.

Esta es una descripción general del samsara. Estamos atrapados en él desde tiempo sin principio, vagando sin sentido, sin libertad ni control, desde el más elevado de los reinos celestiales hasta el más profundo de los infiernos. Unas veces habitamos en los pisos elevados de los dioses y otras nacemos como humanos, en la planta baja, pero la mayor parte del tiempo estamos atrapados en uno de los sótanos como animales, espíritus ávidos o seres de los infiernos, padeciendo terribles sufrimientos físicos y mentales.

Aunque el samsara es como una prisión, existe una puerta por donde escapar: la vacuidad, la naturaleza última de los fenómenos. Si nos adiestramos en los caminos espirituales que se describen en el presente libro, encontraremos esta puerta y, al atravesarla, descubriremos que la mansión del samsara no era más que una ilusión, una creación de nuestra mente impura. El samsara no es una prisión externa, sino una creación de nuestra propia mente. Nunca terminará por sí mismo, pero si practicamos con perseverancia un camino espiritual puro y de esta manera eliminamos nuestra mente ignorante del aferramiento propio y las demás perturbaciones mentales, podremos liberarnos de él. Cuando alcancemos la liberación, estaremos capacitados para enseñar a los demás a eliminar sus engaños y acabar así con su propia prisión mental.

Si practicamos las veintiuna meditaciones que se presentan en este libro, eliminaremos de manera gradual los estados mentales perturbados que nos mantienen presos en la existencia cíclica, y cultivaremos las cualidades necesarias para alcanzar la iluminación total. Las primeras seis meditaciones constituyen el método principal para generar la mente de renuncia, la determinación de escapar del samsara. Las doce meditaciones siguientes nos ayudan a cultivar las mentes de amor y compasión sinceros hacia todos los seres sintientes, y a reconocer que para liberar a los demás del samsara, primero hemos de escaparnos de él nosotros mismos. El obstáculo principal para alcanzar la liberación y la iluminación es la mente de aferramiento propio, nuestra manera errónea y arraigada de concebir la existencia de los fenómenos. La función principal de las dos siguientes meditaciones es vencer y eliminar esta falsa concepción. La última meditación es el método para adquirir una experiencia profunda de las anteriores veinte meditaciones.

CÓMO MEDITAR

Cada una de las veintiuna prácticas de meditación consta de cinco partes: preparación, contemplación, meditación, dedicación y práctica subsiguiente. Las instrucciones de estas veintiuna prácticas de meditación se denominan *etapas del camino* o *Lamrim*. Las realizaciones de estas meditaciones son los caminos espirituales propiamente dichos, que nos conducen a la gran liberación o iluminación total.

La primera parte, las prácticas preparatorias, nos preparan para tener éxito en la meditación, pues con ellas purificamos los obstáculos causados por las acciones perjudiciales que cometimos en el pasado, acumulamos méritos o buena fortuna y recibimos bendiciones de los seres iluminados. Las prácticas preparatorias son muy importantes para alcanzar una experiencia profunda de estas meditaciones. Por ello, podemos comenzar cada sesión de meditación con las *Oraciones para meditar*, que se encuentran en el apéndice 1. En el apéndice 2 se puede encontrar un comentario a estas prácticas.

El objetivo de la segunda parte, la contemplación o meditación analítica, es generar en la mente el objeto de la meditación de emplazamiento por medio de razonamientos, analogías y reflexiones sobre el significado de las enseñanzas. Es conveniente memorizar las contemplaciones que se presentan en cada sección para poder meditar sin tener que remitirnos al texto. Estas reflexiones solo son líneas directrices que debemos enriquecer con razonamientos complementarios, analogías y otros ejemplos que nos resulten útiles.

Cuando obtengamos una imagen clara del objeto como resultado de la contemplación, debemos abandonar la meditación analítica y concentrarnos de manera convergente en él. Esta concentración convergente es la tercera de las cinco partes: la meditación propiamente dicha.

Al comienzo de nuestro adiestramiento en la meditación, nuestra concentración es, por lo general, muy débil, nos distraemos con facilidad y olvidamos constantemente el objeto de meditación. Por ello, al principio probablemente tendremos que alternar la contemplación con la meditación de emplazamiento varias veces en cada sesión. Por ejemplo, para meditar en la compasión, comenzamos reflexionando sobre los diversos sufrimientos de los seres sintientes hasta que sintamos una intensa compasión por ellos. Cuando surja esta compasión, nos concentramos en ella de manera convergente. Si este sentimiento se debilita o nuestra mente se distrae, volvemos a la meditación analítica para recuperarlo. Cuando lo hayamos recuperado, dejamos la meditación analítica y nos concentramos otra vez en él de manera convergente.

La contemplación y la meditación sirven para familiarizar la mente con objetos virtuosos. Cuanto más nos identifiquemos con ellos, de mayor paz mental disfrutaremos. Si nos adiestramos en la meditación con sinceridad y nuestro modo de vida es consecuente con lo que hemos aprendido y con las decisiones tomadas durante la meditación, lograremos mantener siempre una mente tranquila y apacible durante toda la vida. Pueden encontrarse instrucciones más detalladas sobre la contemplación y la meditación en *Cómo transformar tu vida* y *El camino gozoso de buena fortuna*.

Al final de cada sesión dedicamos los méritos acumulados durante la meditación para el logro de la Budeidad. Si no dedicamos los méritos, el odio puede destruirlos con facilidad, pero si recitamos sinceramente la oración de dedicación al final de cada sesión, nos aseguramos de no perder la virtud que hemos acumulado y la convertimos en causa para alcanzar la iluminación.

La quinta parte de cada meditación es la práctica subsiguiente, que consiste en integrar la meditación en la vida diaria siguiendo ciertos consejos. Debemos recordar que el Dharma no solo hay que practicarlo cuando nos sentamos en un cojín de meditación, sino que tenemos que integrarlo por completo en nuestra vida. Es muy importante que no haya distanciamiento entre nuestra práctica de meditación y su aplicación en la vida diaria, porque el éxito en la meditación depende de la pureza de nuestra conducta fuera de ella. Por lo tanto, debemos observar nuestra mente en todo momento aplicando la retentiva mental, la vigilancia y la recta conducta, y procurando abandonar los malos hábitos. La experiencia profunda de Dharma es el resultado de un adiestramiento práctico durante mucho tiempo tanto en las sesiones de meditación como fuera de ellas. Por lo tanto, hemos de practicar con constancia y paciencia, y sin esperar obtener resultados inmediatos.

En resumen, nuestra mente es como un campo de siembra. Con las prácticas preparatorias lo acondicionamos limpiándolo de los obstáculos de las acciones perjudiciales que cometimos en el pasado, fertilizándolo con la acumulación de méritos y regándolo con las bendiciones de los seres sagrados. La contemplación y la meditación son la siembra de buenas semillas, y la dedicación y la práctica subsiguiente, los métodos para hacer madurar la cosecha de las realizaciones de Dharma.

Las instrucciones del Lamrim no se imparten solo para lograr un entendimiento intelectual del camino hacia la iluminación, sino para adquirir una profunda experiencia de Dharma y, por lo tanto, debemos ponerlas en práctica. Si nos adiestramos a diario en estas meditaciones, alcanzaremos todas las realizaciones de las etapas del camino. Mientras tanto, debemos escuchar las enseñanzas del Lamrim transmitidas oralmente, leer comentarios de autoridad, y contemplarlos y meditar sobre ellos. Es importante que ampliemos nuestra comprensión de estos temas y apliquemos nuevos conocimientos para enriquecer nuestra meditación diaria.

Si deseamos de verdad lograr la experiencia de las etapas del camino, debemos meditar a diario. El primer día podemos hacerlo sobre nuestra preciosa existencia humana, el segundo, sobre la impermanencia y la muerte, y continuar de este modo hasta completar el ciclo en veintiún días, y luego volver a comenzar de nuevo. Entre sesiones no debemos olvidar las instrucciones de la práctica subsiguiente. Además, de vez en cuando, si nuestras obligaciones lo permiten, es aconsejable hacer un retiro de meditación sobre el Lamrim. En el apéndice 4 se presenta un programa para hacer retiros. Si practicamos de esta manera, dedicaremos nuestra vida a mejorar la experiencia de las etapas del camino.

SEGUNDA PARTE

Las veintiuna meditaciones

Corta la raíz del sufrimiento

Los niveles inicial, medio y superior

En *La lámpara del camino hacia la iluminación*, Atisha dice: «Has de saber que hay tres clases de seres: el menor, el mediano y el gran ser». En este contexto, «menor, mediano y grande» no se refiere a su tamaño físico, sino a su capacidad o nivel mental –inicial, medio o superior–. El ser menor puede ser de dos clases: ordinario o especial. El ordinario es aquel que solo busca la felicidad de esta vida, y el especial, el que busca la de las vidas futuras. El ser de capacidad media busca la felicidad de la liberación, y el superior, la de la iluminación. Aunque existen innumerables seres, todos se pueden incluir en estas cuatro categorías.

Debemos saber qué clase de ser somos, si uno ordinario o especial del nivel inicial, uno del nivel medio o uno del superior. Gracias a la práctica de las enseñanzas del Lamrim podemos dejar de ser un ser ordinario menor para convertirnos en uno especial menor, luego en uno mediano, en un gran ser y finalmente en un Buda. La práctica de las veintiuna meditaciones siguientes es el método para avanzar de este modo.

Si practicamos estas meditaciones, alcanzaremos todas las realizaciones de las etapas del camino a la iluminación. Las realizaciones de las cinco primeras meditaciones son las etapas del camino de la persona del nivel inicial; las realizaciones de la sexta meditación y los tres adiestramientos superiores son las etapas del camino de la persona del nivel medio; las realizaciones de las catorce meditaciones siguientes son las etapas de la persona del nivel superior; y la realización de la última meditación puede ser una etapa del camino de la persona del nivel inicial, medio o superior.

El nivel inicial

1. LA PRECIOSA EXISTENCIA HUMANA

El objetivo de esta meditación es animarnos a practicar el Dharma. Las instrucciones de Dharma nos enseñan a ser felices y a hacer felices a los demás, a controlar nuestros engaños, en particular el aferramiento propio, la raíz del sufrimiento, y también la manera de entrar en el camino a la iluminación, avanzar por él y completarlo. Por lo tanto, son importantes para todos. Si ponemos en práctica estas enseñanzas, podremos curarnos de la enfermedad interna de las perturbaciones mentales y del sufrimiento de forma permanente, y alcanzar la felicidad duradera. Por lo tanto, debemos animarnos a practicar el Dharma y no desperdiciar nuestra vida dedicándonos a actividades sin sentido. Si no nos animamos nosotros mismos, nadie más lo hará.

MEDITACIÓN

Como práctica preparatoria recitamos las *Oraciones para meditar* concentrándonos en su significado. A continuación, realizamos la siguiente contemplación:

Nuestra existencia humana es preciosa, difícil de encontrar y tiene un gran significado. Debido a sus previas creencias erróneas que negaban el valor de la práctica espiritual, aquellos que han renacido, por ejemplo, como un animal, no tienen la oportunidad de comprender ni practicar el Dharma. Puesto que para ellos es imposible escuchar enseñanzas de Dharma, contemplarlas o meditar en ellas, su presente renacimiento animal es un obstáculo en sí mismo. Solo los seres humanos están libres de estos obstáculos y disponen de las condiciones necesarias para practicar un camino espiritual que los conduzca a la felicidad duradera. Esta combinación de libertad y condiciones favorables es la característica especial que hace de nuestra vida humana algo tan precioso y valioso.

Aunque hay innumerables seres humanos en este mundo, ninguno de ellos posee más de una sola vida. Una persona puede tener muchos coches y casas, pero por muy opulenta que sea, no dispone más que de una sola vida, y cuando se termina, no puede comprar, pedir prestada ni fabricar otra. Si perdemos esta existencia humana, nos resultará difícil obtener otra con las mismas características en el futuro. Por lo tanto, nuestra vida constituye una oportunidad excepcional.

Si utilizamos nuestra vida para alcanzar realizaciones espirituales, adquirirá un gran significado. De este modo, desarrollaremos por completo nuestro potencial y dejaremos de ser personas comunes e ignorantes para convertirnos en un ser iluminado, el más elevado de todos los seres. Entonces, podremos beneficiar a todos los seres sintientes sin excepción. Por lo tanto, si utilizamos nuestra vida para alcanzar realizaciones espirituales, solucionaremos nuestros problemas y cumpliremos tanto nuestros deseos como los de los demás. ¿Existe, acaso, algo con tanto significado?

Contemplamos estos razonamientos hasta que tomemos con firmeza la siguiente determinación: «Voy a practicar el Dharma». Esta resolución es el objeto de nuestra meditación y debemos concentrarnos en ella sin olvidarla; hemos de mantenerla en nuestra mente de manera convergente durante tanto tiempo como podamos. Si perdemos el objeto de meditación, debemos renovarlo de inmediato recordando la decisión anterior o repitiendo la contemplación.

Al final de la sesión de meditación dedicamos las virtudes que hayamos acumulado con esta práctica para alcanzar la realización de apreciar el valor de nuestra preciosa existencia humana y la iluminación para la felicidad de todos los seres sintientes.

Durante el descanso de la meditación no debemos olvidar nuestra decisión de practicar el Dharma. Hemos de esforzarnos por leer las instrucciones del Lamrim y memorizar sus aspectos principales, recitar oraciones con fe firme, escuchar enseñanzas una y otra vez, y contemplar su significado. En particular, debemos poner en práctica todas las enseñanzas e integrarlas en nuestra vida diaria.

2. MUERTE E IMPERMANENCIA

El objetivo de esta meditación es eliminar la pereza del apego, el obstáculo principal para practicar el Dharma con sinceridad. Debido a que nuestro deseo de disfrutar de los placeres mundanos es tan intenso, tenemos muy poco o ningún interés en la práctica espiritual. Desde el punto de vista espiritual, esta falta de interés es una clase de pereza que se denomina *pereza del apego*. Mientras tengamos esta clase de pereza, la puerta de la liberación permanecerá cerrada para nosotros y, por lo tanto, seguiremos padeciendo desgracias en esta vida y experimentando sufrimientos sin cesar vida tras vida. La manera de eliminar esta pereza es meditar en la muerte.

Debemos reflexionar sobre nuestra muerte y meditar en ella con perseverancia hasta que alcancemos una profunda realización. Aunque todos sabemos a nivel intelectual que tarde o temprano nos vamos a morir, no somos realmente conscientes de ello. Puesto que no asimilamos de corazón el entendimiento intelectual que tenemos de la muerte, cada día pensamos lo mismo: «Hoy no me voy a morir, hoy no me voy a morir». Incluso el mismo día en que nos muramos, estaremos planeando lo que vamos a hacer al día siguiente o al cabo de una semana. La mente que piensa cada día: «Hoy no me voy a morir» es engañosa, nos conduce por el camino incorrecto y es la causa de que nuestra vida carezca de sentido. En cambio, si meditamos en la muerte, sustituiremos de manera gradual el pensamiento engañoso: «Hoy no me voy a morir» por la convicción fidedigna: «Es posible que me muera hoy». La mente que piensa cada día de manera espontánea: «Es posible que me muera hoy» es la realización de la muerte. Esta es la realización que elimina de manera directa la pereza del apego y nos abre la puerta del camino espiritual.

Quizás muramos hoy o quizás no, por lo general, no lo sabemos. Sin embargo, si cada día pensamos: «Hoy no me voy

Alcanza la liberación permanente
del sufrimiento de la muerte

a morir», este pensamiento nos engañará porque procede de la ignorancia, mientras que pensar: «Es posible que me muera hoy» no lo hará porque proviene de la sabiduría. Esta convicción beneficiosa evita que surja la pereza del apego y nos anima a preparar ahora el bienestar de las innumerables vidas futuras o a esforzarnos para entrar en el camino que nos conduce a la liberación. De este modo llenaremos nuestra vida de significado.

MEDITACIÓN

Como práctica preparatoria recitamos las *Oraciones para meditar* concentrándonos en su significado. A continuación, realizamos la siguiente contemplación:

Mi muerte es inevitable. Es imposible impedir que mi cuerpo degenere. Día a día, momento a momento, mi vida se va consumiendo. La hora de mi muerte es incierta, puede llegar en cualquier instante. Algunas personas jóvenes mueren antes que sus padres, otras nada más nacer, no hay certeza en este mundo. Además, existen innumerables causas de muerte prematura. Muchas personas fuertes y sanas pierden la vida en accidentes. Nadie puede garantizarme que no me vaya a morir hoy mismo.

Después de reflexionar de este modo varias veces, repetimos mentalmente: «Quizá me muera hoy, es posible que me muera hoy», y nos concentramos en la sensación que nos produce este pensamiento. Transformamos nuestra mente en este sentimiento: «Quizá me muera hoy, es posible que me muera hoy», y nos concentramos en él de manera convergente durante tanto tiempo como podamos. Hemos de realizar esta meditación una y otra vez hasta que tengamos cada día de manera espontánea la convicción de que «es posible que me muera hoy». Finalmente llegaremos a la conclusión: «Puesto que he de marcharme pronto de este mundo, no tiene sentido que me apegue a los disfrutes de esta vida. En lugar de ello, a partir de ahora voy a dedicar mi vida a practicar el Dharma con pureza y sinceridad». Esta resolución es el objeto de nuestra meditación y debemos concentrarnos en ella sin olvidarla; hemos de mantenerla en nuestra mente de manera convergente durante tanto tiempo como podamos. Si perdemos el objeto de meditación, debemos renovarlo de inmediato recordando la decisión anterior o repitiendo la contemplación.

Al final de la sesión de meditación dedicamos las virtudes que hayamos acumulado con esta práctica para alcanzar la realización de la muerte y la iluminación para la felicidad de todos los seres sintientes.

Durante el descanso de la meditación hemos de esforzarnos sin pereza en practicar el Dharma. Reconociendo que los placeres mundanos nos engañan y nos distraen del objetivo de llenar nuestra vida de significado, debemos abandonar el apego que les tenemos. Si nos adiestramos de este modo, superaremos el principal obstáculo que nos impide practicar el Dharma con pureza.

3. EL PELIGRO DE RENACER EN LOS REINOS INFERIORES

El objetivo de esta meditación es animarnos a buscar protección contra el peligro de renacer en los reinos inferiores. Si ahora que poseemos una vida humana dotada de dones y libertades, no nos protegemos de renacer en los reinos inferiores, cuando hayamos caído en uno de ellos nos resultará muy difícil volver a obtener otra preciosa existencia humana. Se dice que es más fácil que los seres humanos alcancen la iluminación que los seres de los reinos inferiores, como los animales, renazcan como humanos. Esta meditación nos anima a abandonar las acciones perjudiciales, a practicar la virtud y a refugiarnos en los seres sagrados, que es la verdadera manera de protegernos de los renacimientos inferiores. La causa principal de renacer en un reino inferior es cometer acciones perjudiciales, mientras que practicar la virtud y refugiarnos en los seres sagrados son las causas principales de renacer en un reino superior.

MEDITACIÓN

Como práctica preparatoria recitamos las *Oraciones para meditar* concentrándonos en su significado. A continuación, realizamos la siguiente contemplación:

Cuando se acaba el aceite de un candil, la llama se apaga porque la produce el aceite, pero cuando el cuerpo muere, la consciencia no se extingue porque no ha sido producida a partir de él. En el momento de la muerte, la mente ha de abandonar el cuerpo –su morada temporal– y encontrar otro, como el pájaro que abandona su nido para volar a otro. A la mente no le queda más remedio que abandonar el cuerpo y carece de libertad para elegir su destino. Viajaremos al lugar de nuestro próximo renacimiento empujados por los vientos de las acciones o karma –nuestra buena o mala fortuna–. Si el karma que madura en el momento de la muerte es negativo, nos arrojará a un renacimiento inferior con toda seguridad. Las acciones perjudiciales más graves son la causa para renacer en los infiernos; las de gravedad media, para renacer como un espíritu ávido; y las más leves, para renacer como un animal.

Es muy fácil acumular karma negativo grave. Por ejemplo, con solo aplastar un mosquito motivados por el odio creamos la causa para renacer en los infiernos. Tanto en esta vida como en las innumerables vidas pasadas hemos cometido numerosas acciones terribles y si no las purificamos con una confesión sincera, el potencial de cada una permanecerá en nuestra conciencia y es posible que cualquiera de ellos madure en el momento de la muerte. Teniendo esto en cuenta, debemos preguntarnos: «Si me muero hoy, ¿dónde estaré mañana? Es muy probable que renazca como un animal, un espíritu ávido o en un infierno. Si alguien me llamara vaca estúpida, me resultaría difícil de soportar. ¿Qué haré si de verdad me convierto en una vaca, un cerdo o un pez, en alimento para los seres humanos?».

Después de contemplar este razonamiento repetidas veces y comprender que los seres en los reinos inferiores, como los animales, experimentan sufrimiento, generamos un intenso miedo a renacer allí. Esta sensación de miedo es el objeto de nuestra meditación y debemos concentrarnos en ella sin olvidarla; hemos de mantenerla en nuestra mente de manera convergente durante tanto tiempo como podamos. Si perdemos el objeto de meditación, debemos renovar esta sensación de miedo de inmediato recordándola o repitiendo la contemplación.

Al final de la sesión de meditación dedicamos las virtudes que hayamos acumulado con esta práctica para alcanzar la realización de tener miedo a renacer en los reinos inferiores y la iluminación para la felicidad de todos los seres sintientes.

Durante el descanso de la meditación intentamos no olvidar el miedo a renacer en los reinos inferiores. Por lo general, tener miedo no tiene sentido, pero el que se genera por medio de esta contemplación y meditación tiene un gran significado porque surge de la sabiduría y no de la ignorancia. Este miedo es la causa principal para buscar refugio, la verdadera protección contra estos sufrimientos, y nos ayuda a recordar que debemos evitar las acciones perjudiciales, ser conscientes de lo que hacemos y mantener recta conducta.

4. LA PRÁCTICA DE REFUGIO

El objetivo de esta meditación es liberarnos de manera permanente de renacer en los reinos inferiores. En este momento somos seres humanos y nos hemos librado de renacer en un reino inferior, pero esto es algo temporal, no una liberación permanente de los renacimientos inferiores. Mientras no alcancemos una realización profunda de la práctica de refugio, tendremos que renacer en los reinos inferiores una y otra vez en incontables vidas futuras. Para liberarnos de ello, debemos confiar con sinceridad en las Tres Joyas: Buda –la fuente de todo refugio–, el Dharma –la realización de las enseñanzas de Buda–, y la Sangha –los practicantes puros de Dharma que nos ayudan en nuestra práctica espiritual–. El Dharma es la medicina que nos protege de los sufrimientos de los tres reinos inferiores, Buda es el médico que nos proporciona esta medicina y la Sangha son los enfermeros que nos cuidan. Con este entendimiento nos refugiamos en Buda, el Dharma y la Sangha.

MEDITACIÓN

Como práctica preparatoria recitamos las *Oraciones para meditar* concentrándonos en su significado. A continuación, realizamos la siguiente contemplación:

> *Con las bendiciones de Buda y la ayuda de la Sangha, voy a alcanzar profundas realizaciones de Dharma. De este modo alcanzaré la liberación permanente de los renacimientos inferiores.*

Después de contemplar repetidas veces este razonamiento válido para refugiarnos en las Tres Joyas, tomamos la siguiente firme determinación: «He de confiar en Buda, el Dharma y la Sangha como mi refugio último». Esta resolución es el objeto de nuestra meditación y nos concentramos en ella sin olvidarla; hemos de mantenerla en nuestra mente de manera convergente durante tanto tiempo como podamos. Si perdemos el objeto de meditación, debemos renovarlo de inmediato recordando la decisión anterior o repitiendo la contemplación.

Al final de la sesión de meditación dedicamos las virtudes que hayamos acumulado con esta práctica para alcanzar la realización del refugio y la iluminación para la felicidad de todos los seres sintientes.

Durante el descanso de la meditación debemos guardar los doce compromisos del refugio que se describen con detalle en el apéndice 5. De esta manera mejoraremos nuestra práctica de refugio y obtendremos resultados con rapidez.

5. LAS ACCIONES Y SUS EFECTOS

El objetivo de esta meditación es animarnos a purificar nuestras faltas y acumular las virtudes que son la causa para obtener en vidas futuras un renacimiento humano dotado de dones y libertades. En este contexto, *libertades* se refiere a estar libres de obstáculos físicos y mentales, así como de carecer de las condiciones necesarias para estudiar y practicar el Dharma. *Dones* se refiere a disponer de estas condiciones.

Una acción, ya sea física, verbal o mental, se denomina *karma* en sánscrito. Para poder realizar las acciones necesarias para asegurarnos el bienestar en nuestras vidas futuras, debemos tener una comprensión correcta de las acciones y sus efectos. Nuestras acciones físicas, verbales y mentales son causas, y nuestras experiencias son sus efectos. La ley del karma enseña por qué cada individuo posee una disposición mental, una apariencia física y unas experiencias únicas. Estas son los diversos efectos de las incontables acciones que cada uno ha realizado en el pasado. Puesto que no hay dos personas que hayan realizado las mismas acciones en vidas pasadas, no es posible encontrar dos personas que tengan los mismos estados mentales, experiencias idénticas o la misma apariencia física. Cada persona tiene un karma individual diferente. Algunas disfrutan de buena salud y otras están siempre enfermas. A algunas se las considera muy atractivas, y a otras, muy feas. Algunas tienen un carácter alegre y son fáciles de complacer, mientras que otras suelen estar de mal humor y nunca están satisfechas. Algunas personas entienden con facilidad el significado de las enseñanzas espirituales, pero otras las encuentran difíciles y oscuras.

Como resultado de nuestras acciones o karma renacemos en este mundo impuro y contaminado y tenemos tantos problemas y dificultades. Nuestras acciones son impuras porque nuestra mente está contaminada por el veneno interno del aferramiento propio. Esta es la razón principal por la que experimentamos sufrimiento. Este es producido por nuestras propias acciones o karma y no es un castigo impuesto por nadie. Sufrimos porque hemos cometido numerosas acciones perjudiciales en vidas pasadas, como matar, robar, engañar a los demás, acabar con su felicidad y sostener creencias erróneas. El origen de estas malas acciones son nuestras propias perturbaciones mentales, como el odio, el apego y la ignorancia del aferramiento propio.

Cuando hayamos eliminado de nuestra mente el aferramiento propio y los demás engaños, nuestras acciones serán puras de manera natural. Como resultado de estas acciones puras o karma puro, todas nuestras experiencias serán puras, viviremos en un mundo puro y nuestro cuerpo y disfrutes, y los seres que nos encontremos, también serán puros. No quedará ni el menor rastro de sufrimiento, impureza ni problemas. Esta es la manera de encontrar verdadera felicidad en nuestra mente.

MEDITACIÓN

Como práctica preparatoria recitamos las *Oraciones para meditar* concentrándonos en su significado. A continuación, realizamos la siguiente contemplación:

> *Si purifico todas mis faltas y el karma negativo, no tendré que renacer en los reinos inferiores. Si cultivo la virtud, obtendré un renacimiento humano dotado de dones y libertades. De este modo, podré seguir avanzando en el camino hacia la iluminación vida tras vida.*

Después de contemplar repetidas veces este razonamiento, tomamos la siguiente firme determinación: «He de purificar todas mis faltas y el karma negativo con la práctica sincera de la confesión y esforzarme por acumular virtud». Esta resolución es el objeto de nuestra meditación y nos concentramos en ella sin olvidarla; hemos de mantenerla en nuestra mente de manera convergente. Si perdemos el objeto de meditación, debemos renovarlo de inmediato recordando la decisión anterior o repitiendo la contemplación.

Al final de la sesión de meditación dedicamos las virtudes que hayamos acumulado con esta práctica para alcanzar la realización del karma y la iluminación para la felicidad de todos los seres sintientes.

Durante el descanso de la meditación debemos evitar de manera consciente incluso la más mínima acción perjudicial, esforzarnos por purificar las que hayamos cometido y cultivar las virtudes de la disciplina moral, la generosidad, la paciencia, el esfuerzo, la concentración y la sabiduría. Estas acciones virtuosas son la causa principal para obtener un renacimiento humano dotado de dones y libertades. Buda dijo que un renacimiento humano se obtiene con la práctica de la disciplina moral, la riqueza es fruto de la generosidad, la belleza de la paciencia, el logro de los deseos espirituales del esfuerzo por estudiar y practicar el Dharma, la paz interior de la concentración, y la liberación de la sabiduría.

El nivel medio

Renacer en un reino afortunado como el humano es como disfrutar de vacaciones durante una temporada, puesto que después tendremos que descender a los reinos inferiores y experimentar horribles sufrimientos durante largos períodos de tiempo.

Sufrimos porque estamos atrapados en el samsara. Si reflexionamos sobre esto con detenimiento, nos daremos cuenta de que para disfrutar de libertad y felicidad verdaderas, hemos de escapar de la existencia cíclica. Si practicamos las etapas del camino del nivel medio, podremos escapar del samsara y alcanzar una paz interna permanente, libre de todo sufrimiento, del miedo y de sus causas. Este estado es la verdadera liberación.

6. RENUNCIA AL SAMSARA

El objetivo de esta meditación es cultivar la realización de la renuncia, el deseo espontáneo de alcanzar la liberación del samsara, el ciclo de renacimientos contaminados. La renuncia es la puerta de entrada al camino que nos conduce a la liberación o nirvana, la paz interior permanente que se alcanza al abandonar por completo la ignorancia del aferramiento propio.

La vida humana solo cobra verdadero valor cuando la utilizamos para adiestrarnos en el camino espiritual, ya que en sí misma es una verdad del sufrimiento. Experimentamos diferentes clases de sufrimiento por el mero hecho de haber obtenido un renacimiento contaminado por el veneno interno de las perturbaciones mentales. No podemos encontrar el comienzo de estas experiencias porque hemos tenido renacimientos contaminados desde tiempo sin principio, y no terminarán hasta que alcancemos la paz interior suprema del nirvana. Si contemplamos los sufrimientos y dificultades que vamos a experimentar a lo largo de esta vida y en las futuras, y meditamos en ellos, llegaremos a la conclusión de que todos, sin excepción, son el resultado de obtener un renacimiento contaminado. Entonces, generaremos un intenso deseo de abandonar el ciclo de renacimientos contaminados, el samsara. Este es el primer paso para alcanzar la felicidad del nirvana o liberación. Desde este punto de vista, reflexionar sobre el sufrimiento y meditar en él tiene un gran significado.

Mientras permanezcamos atrapados en el ciclo de renacimientos contaminados, los sufrimientos y problemas nunca terminarán, tendremos que volver a experimentarlos cada vez que renazcamos. Aunque no podamos recordar lo que sentíamos en el seno de nuestra madre o durante la niñez, los sufrimientos de la vida humana comenzaron en el mismo momento de la concepción. Es evidente que un recién nacido sufre angustia y dolor. Lo primero que hace un bebé al llegar al mundo es gritar y llorar. No es habitual que un niño nazca en un estado de total serenidad, con un rostro apacible y sonriente.

En las contemplaciones que se presentan a continuación analizamos los diversos sufrimientos del reino humano, pero no debemos olvidar que los que se padecen en otros reinos son, por lo general, mucho peores.

El nacimiento

Cuando la consciencia entra en la unión del esperma de nuestro padre y el óvulo de la madre, nuestro cuerpo no es más que una sustancia acuosa, como un yogur rojizo y muy caliente. En los primeros momentos que siguen a la concepción no tenemos sensaciones burdas, pero en cuanto surgen, comenzamos a experimentar dolor. Nuestro cuerpo se va endureciendo de manera progresiva y, a medida que los miembros se van desarrollando, sentimos como si alguien los estirara en una mesa de tortura. El vientre de nuestra madre es caliente y oscuro. Este pequeño espacio saturado de sustancias impuras será nuestro hogar durante nueve meses. Nos sentimos como si estuviéramos apretujados dentro de un pequeño aljibe lleno de líquidos sucios y completamente cerrado de forma que no pueden entrar ni el aire ni la luz.

Mientras permanecemos en el seno de nuestra madre padecemos mucho miedo y dolor en soledad y somos muy sensibles a cualquier cosa que haga. Por ejemplo, si camina deprisa, sentimos como si cayéramos desde lo alto de una montaña y nos sentimos aterrorizados. Si mantiene relaciones sexuales, nos parece como si nos aplastaran entre dos grandes masas pesadas que nos asfixian y sentimos pánico. Si da un pequeño salto, es como si cayéramos contra el suelo desde una gran altura. Si bebe algo caliente, notamos como si nos escaldaran con agua hirviendo, y si es frío, como si nos ducharan con agua helada en pleno invierno.

Alcanza la liberación permanente
de los sufrimientos del renacimiento en el samsara

Al salir del seno materno, sentimos como si nos forzaran a pasar por una estrecha hendidura entre dos piedras rocosas, y nada más nacer, nuestra piel es tan delicada que el contacto con cualquier objeto nos resulta doloroso. Cuando alguien nos toma en sus brazos, aunque lo haga con ternura, sentimos como si sus manos nos rasgaran la piel y hasta las ropas más delicadas nos resultan abrasivas. En comparación con la suavidad y tersura del seno de nuestra madre, cualquier objeto que toquemos nos parece áspero y nos hace daño. Si nos cogen en brazos, nos parece como si nos balancearan al borde de un precipicio, nos sentimos inseguros y tenemos miedo. Hemos olvidado todo lo que aprendimos en la vida anterior y no traemos más que dolor y confusión del seno de nuestra madre. Las palabras que escuchamos tienen tanto sentido para nosotros como el soplo del viento y somos incapaces de comprender nada de lo que percibimos. Durante las primeras semanas es como si estuviéramos ciegos, sordos y mudos, y padeciéramos de amnesia total. Cuando tenemos hambre, no podemos decir: «Quiero comer», o cuando nos duele algo: «Me duele aquí». La única manera que tenemos de expresarnos es con llantos y gestos de enfado y, a menudo, ni siquiera nuestra madre sabe lo que nos ocurre. Estamos totalmente indefensos y nos tienen que enseñar a hacerlo todo: comer, sentarnos, caminar y hablar.

Durante las primeras semanas después del nacimiento es cuando somos más vulnerables, pero los sufrimientos no cesan a medida que vamos creciendo, sino que continúan a lo largo de toda la vida. Al igual que al encender una chimenea, el calor que se propaga por toda la casa proviene del fuego, al nacer en el samsara, el sufrimiento impregna nuestra vida y todas las desgracias que experimentamos son el resultado de haber obtenido un renacimiento contaminado.

El renacimiento humano, contaminado por el venenoso engaño del aferramiento propio, es la base del sufrimiento humano; sin ella, no tendríamos problemas humanos.

Los dolores del nacimiento dan paso con el tiempo a los de las enfermedades, la vejez y la muerte; todos forman parte del mismo continuo.

Las enfermedades

El nacimiento también conduce a los sufrimientos de las enfermedades. Al igual que los vientos invernales y la nieve despojan los verdes prados, árboles y plantas de su esplendor, las enfermedades arrebatan al cuerpo la lozanía de su juventud, debilitan su vitalidad y el poder de los sentidos. Aunque, por lo general, gocemos de buena salud y estemos en forma, cuando caemos enfermos, de repente somos incapaces de realizar las actividades físicas cotidianas. Hasta un campeón mundial de boxeo que normalmente es capaz de derrotar a sus adversarios, queda completamente indefenso ante la enfermedad. Las enfermedades nos impiden disfrutar de los placeres diarios y nos producen sensaciones desagradables día y noche.

Al enfermar somos como el pájaro que vuela por el cielo y, de pronto, cae al suelo desplomado y herido por un disparo perdiendo toda su gloria y poder. De igual modo, cuando enfermamos, quedamos súbitamente incapacitados. Si tenemos una enfermedad grave, puede que tengamos que depender de los demás para todo y perdamos incluso la facultad de controlar nuestras funciones fisiológicas. Estos cambios son difíciles de aceptar, especialmente para los que se enorgullecen de su independencia y buena salud.

Si caemos enfermos, no podemos continuar con el trabajo ni completar las actividades que nos habíamos propuesto, y por ello nos sentimos frustrados. Nos impacientamos con facilidad con nuestra dolencia y nos deprimimos al pensar en todo lo que no podemos hacer. No podemos disfrutar de las cosas que normalmente nos proporcionan placer, como hacer deporte, bailar, beber o comer lo que nos gusta, ni de la compañía de nuestros amigos. Todas estas limitaciones nos hacen sentir todavía más desdichados. Además de estas penas, tenemos que padecer los dolores físicos que conlleva la enfermedad.

Cuando caemos enfermos, no solo tenemos que soportar los dolores propios de la enfermedad, sino también muchas otras circunstancias desagradables. Por ejemplo, hemos de aceptar el tratamiento que nos prescribe el médico, ya sea tomar medicinas amargas, ponernos inyecciones, privarnos de algo que nos gusta mucho o someternos a una operación quirúrgica. En este último caso, nos ingresarán en un hospital y estaremos obligados a aceptar las condiciones que nos impongan. Puede que tengamos que tomar alimentos que nos desagradan y estar en la cama todo el día sin nada que hacer, llenos de ansiedad al pensar en la operación que nos espera. Es posible que el médico no nos ofrezca una explicación clara sobre nuestra dolencia ni su opinión acerca de si vamos a sobrevivir o no.

Si nos dicen que nuestra enfermedad es incurable y carecemos de experiencia espiritual, sentiremos temor, angustia y arrepentimiento. Es muy posible que nos deprimamos y perdamos las esperanzas o que nos enfademos con la enfermedad pensando que es un cruel enemigo que nos despoja de nuestra felicidad.

La vejez

El nacimiento también da lugar a los sufrimientos de la vejez. Esta nos roba la belleza, la salud, la figura esbelta y la fina tez, la vitalidad y el bienestar. La vejez hace que los demás nos desprecien. Nos trae dolores indeseados y nos conduce sin demora hacia la muerte.

Con el paso de los años perdemos la belleza de la juventud, nuestro cuerpo fuerte y sano se debilita y lo abaten las enfermedades. La esbelta figura de que disfrutamos en la juventud, bien definida y proporcionada, se va encorvando y desfigurando; los músculos y la carne se arrugan y encogen, por lo que las extremidades se vuelven como finas estacas y sobresalen los huesos. Perdemos el color y el brillo del cabello y nuestra tez pierde su lustre. La cara se nos llena de arrugas y los rasgos se van deformando. Milarepa dijo:

> «¿Cómo se ponen de pie los ancianos? Se incorporan como si estuvieran sacando una estaca clavada en la tierra. ¿Cómo caminan los ancianos? Después de conseguir ponerse de pie, caminan con cautela como si cazaran pajarillos. ¿Cómo se sientan los ancianos? Se dejan caer como una pesada bolsa a la que se le rompen las asas».

Contemplemos el siguiente poema que describe los sufrimientos del envejecimiento:

> «Cuando envejecemos, el cabello se nos vuelve blanco,
> pero no es porque nos lo hayamos lavado;
> es una señal de que pronto nos encontraremos con el
> Señor de la Muerte.
>
> Nuestra frente se llena de arrugas,
> pero no es porque nos sobre carne;
> es porque el Señor de la Muerte nos advierte:
> "Pronto vas a morir".
>
> Se nos caen los dientes,
> pero no es para que nos salgan otros nuevos;
> es una señal de que pronto no podremos ingerir
> alimentos.
>
> Nuestros rostros se vuelven feos y grotescos,
> pero no es porque llevemos máscaras;
> es una señal de que hemos perdido la máscara de la
> juventud.

Nos tiembla la cabeza de lado a lado,
pero no es porque estemos en desacuerdo;
es porque el Señor de la Muerte nos golpea con la porra que lleva en la mano derecha.

Caminamos con el cuerpo encorvado y mirando hacia el suelo,
pero no es porque busquemos agujas perdidas;
es una señal de que añoramos nuestra belleza y vivimos de recuerdos.

Para ponernos de pie nos apoyamos sobre las cuatro extremidades,
pero no es porque imitemos a los animales;
es una señal de que nuestras piernas son demasiado débiles para soportar nuestro peso.

Nos sentamos como si nos desplomáramos de forma repentina,
pero no es porque estemos enfadados;
es una señal de que nuestro cuerpo ha perdido la vitalidad.

Nos tambaleamos al andar,
pero no es porque nos creamos importantes;
es una señal de que nuestras piernas no pueden sostener nuestro cuerpo.

Nos tiemblan las manos,
pero no es porque estemos ansiosos por robar;
es una señal de que el Señor de la Muerte, con sus dedos ávidos, se apropia de nuestras posesiones.

Nos alimentamos con muy poco,
pero no es porque seamos mezquinos;
es una señal de que no podemos digerir los alimentos.

Jadeamos al respirar,
pero no es porque susurremos mantras al oído de un enfermo;
es una señal de que nuestra respiración pronto cesará».

Cuando somos jóvenes podemos viajar por todo el mundo, pero al envejecer apenas somos capaces de llegar a la puerta de nuestra casa. No tenemos energía para emprender muchas actividades mundanas y, a menudo, hemos de restringir nuestras prácticas espirituales. Por ejemplo, disponemos de poca vitalidad para realizar acciones virtuosas y nos cuesta recordar las enseñanzas, contemplarlas o meditar en ellas. No podemos asistir a los cursos espirituales que se imparten en lugares de difícil acceso o que carecen de comodidades. No podemos ayudar a los demás si para ello se requiere fuerza física y buena salud. Limitaciones como estas a menudo entristecen mucho a los ancianos.

Al envejecer vamos perdiendo la vista y la audición. No podemos ver con claridad y cada vez necesitamos gafas con cristales más gruesos hasta que ni siquiera con ellas podemos leer. Nos volvemos duros de oído y nos resulta cada vez más difícil escuchar música y oír la televisión o lo que nos dicen los demás. Perdemos la memoria y nos cuesta más realizar nuestras actividades, ya sean mundanas o espirituales. Si meditamos, nos resulta más difícil alcanzar realizaciones porque la memoria y la concentración son muy débiles, y no conseguimos aplicarnos en el estudio. Por lo tanto, si durante la juventud no nos adiestramos en las prácticas espirituales, lo único que podremos hacer al llegar a la vejez será arrepentirnos de ello y esperar la visita del Señor de la Muerte.

Cuando somos viejos no podemos obtener el mismo placer que antes de las cosas que nos gustan, como los alimentos, las bebidas o las relaciones sexuales. Nos sentimos demasiado débiles para practicar juegos y deportes, y a menudo estamos tan cansados que no podemos disfrutar de ninguna diversión. A medida que nuestra edad avanza, no podemos participar en las actividades de los jóvenes. Cuando se van de viaje, nos tenemos que quedar atrás. Nadie quiere llevarnos consigo ni visitarnos. Ni siquiera nuestros nietos desean pasar mucho tiempo con nosotros. A menudo, los ancianos piensan: «¡Qué maravilloso sería si estuviera rodeado de gente joven! Podríamos ir de paseo y les enseñaría tantas cosas...», pero los jóvenes no quieren incluirlos en sus planes. Cuando la vida les llega a su fin, los ancianos sienten el dolor de la soledad y el abandono. Hay muchos sufrimientos propios de la vejez.

La muerte

El nacimiento también conduce a los sufrimientos de la muerte. Si durante la vida hemos trabajado duro para acumular posesiones y les tenemos mucho apego, en el momento de la muerte padeceremos un gran sufrimiento al pensar: «Ahora tendré que dejar atrás todas mis posesiones». Si ahora nos resulta difícil prestar nuestras posesiones más preciadas y mucho más regalarlas, ¿qué sucederá al morir, cuando comprendamos que vamos a perderlo todo?

En el momento de la muerte nos veremos obligados a separarnos hasta de los amigos más íntimos. Tendremos que abandonar a la persona que más amamos, aunque hayamos pasado la mayor parte de nuestras vidas juntos sin separarnos ni un día. Si tenemos mucho apego a nuestros seres queridos, al morir nos sentiremos apenados y angustiados, pero lo único que podremos hacer será cogerles de la mano. Aunque oren con nosotros para que no muramos, no podremos detener el proceso de la muerte. Por lo general, si estamos muy apegados a una persona y nos deja solos para pasar un tiempo con otra, nos ponemos celosos. Sin embargo, al morir, tendremos que dejar a nuestros amigos para siempre en compañía de otros, y también nos despediremos de nuestra familia y de todos aquellos que nos han ayudado en esta vida.

Al morir tendremos que separarnos de este cuerpo que tanto estimamos y que hemos cuidado durante años, y se convertirá en una masa inanimada de carne que habrá que incinerar o enterrar. Si carecemos de la protección interna de la experiencia espiritual, en el momento de la muerte nos embargarán el miedo y la angustia, además del dolor físico.

Cuando al morir nuestra mente se separe del cuerpo, llevará consigo las semillas que hayamos plantado en ella al realizar acciones tanto virtuosas como perjudiciales. Aparte de estas semillas, no podremos llevarnos nada de este mundo. Todo lo demás nos defraudará. La muerte acaba con todas nuestras actividades: las conversaciones, las comidas, las reuniones con los amigos y hasta con el sueño. Todo terminará el día de nuestra muerte y nos veremos obligados a dejarlo todo atrás, incluidos los anillos que llevemos en los dedos. En el Tíbet, los vagabundos solían llevar un bastón para defenderse de los perros. Para comprender la privación total a la que nos somete la muerte, hemos de recordar que los vagabundos tienen que abandonar incluso su viejo bastón, la más miserable de las posesiones humanas. En los cementerios podemos comprobar que lo único que les queda a los muertos es su nombre grabado en una lápida.

Otras clases de sufrimiento

Los seres sintientes también hemos de experimentar los sufrimientos de separarnos de lo que nos gusta, enfrentarnos con lo que nos disgusta y no poder cumplir nuestros deseos –lo cual incluye los sufrimientos de la pobreza y de ser perjudicados por otros seres, humanos y no humanos, y por los elementos agua, fuego, aire y tierra–. Antes de la despedida final en el momento de la muerte, a menudo tenemos que separarnos temporalmente de las personas y las cosas que nos gustan, lo que nos produce sufrimiento mental. Es posible que perdamos el puesto de trabajo que nos agrada o nos veamos obligados a salir de nuestro país de origen, donde tenemos a nuestros familiares y amigos. En cualquier momento podemos perder la buena reputación. Muchas veces en la vida hemos de padecer el dolor de tener que separarnos de nuestros seres queridos y de perder o vernos forzados a abandonar aquello que nos resulta atractivo y agradable; pero al morir tendremos que separarnos para siempre de nuestros compañeros y perderemos los disfrutes de esta vida y las condiciones internas y externas que ahora tenemos para el adiestramiento espiritual puro o práctica del Dharma.

A menudo tenemos que encontrarnos con personas que no nos gustan y convivir con ellas o soportar situaciones desagradables. En ocasiones nos vemos atrapados en circunstancias muy peligrosas, como un incendio o una inundación, o violentas, como en una revuelta o una guerra. La vida está llena de situaciones menos extremas que nos resultan molestas. A veces no podemos llevar a cabo nuestros planes. Por ejemplo, queremos ir a la playa un día soleado, pero nos quedamos atrapados en un atasco de tráfico. El demonio interno de los engaños perturba continuamente nuestra paz interior e interfiere en nuestras prácticas espirituales. Las condiciones que nos impiden hacer lo que deseamos y desbaratan nuestros planes son innumerables. Es como si viviéramos desnudos en un matorral de espinos, con cada movimiento que hacemos más nos hieren las circunstancias. Las personas y los acontecimientos son como espinas que se nos clavan en el cuerpo y ninguna situación nos resulta totalmente satisfactoria. Cuantos más planes y deseos tenemos, más frustraciones experimentamos, y cuanto más deseamos que se produzca una situación, con más facilidad nos vemos atrapados en circunstancias que no queremos. Parece como si cada deseo atrajera su propio obstáculo. Los acontecimientos indeseables ocurren sin necesidad de buscarlos. En realidad, lo único que nos llega con facilidad es aquello que no deseamos. Nadie quiere morir, pero la muerte nos llega sin que realicemos ningún esfuerzo.

Nadie quiere padecer enfermedades, pero nos sobrevienen también sin esfuerzo. Puesto que hemos renacido sin libertad ni control, tenemos un cuerpo impuro, vivimos en lugares también impuros y nos ocurren toda clase de desgracias. Estas experiencias son completamente normales en el samsara.

Todos tenemos innumerables deseos, pero por mucho que nos esforzamos en colmarlos, nunca nos sentimos satisfechos. Incluso cuando logramos lo que queremos, no nos conformamos con la manera en que lo hemos conseguido o no obtenemos el bienestar que esperábamos. Por ejemplo, si tenemos el deseo de hacernos ricos y algún día llegamos a serlo, nuestra vida no transcurrirá del modo en que la habíamos imaginado y no nos sentiremos satisfechos. Esto se debe a que nuestros deseos no disminuyen a medida que aumenta nuestra riqueza. Cuanto más tenemos, más queremos. La riqueza que buscamos no existe porque por mucha que acumulemos, nunca podrá colmar nuestros deseos. Por si esto fuera poco, al esforzarnos por obtener aquello que deseamos, creamos aún más causas de insatisfacción. Cada cosa que deseamos lleva implícita muchas otras que nos desagradan. Por ejemplo, la riqueza conlleva inseguridad, el pago de impuestos y asuntos financieros de complejidad. Estas consecuencias indeseadas impiden que nos sintamos realmente satisfechos. De igual modo, si nuestro sueño es pasar unas vacaciones en un lugar exótico, aunque lo consigamos, no lograremos satisfacer por completo nuestras expectativas y tendremos que sufrir ciertos inconvenientes, como quemaduras de sol y muchos gastos.

Si lo analizamos con detenimiento, nos daremos cuenta de que nuestros deseos son desmesurados. Queremos lo mejor del samsara: el mejor puesto de trabajo, el mejor compañero, la mejor reputación, la mejor casa, el mejor coche y las mejores vacaciones. Todo lo que no sea «lo mejor» nos deja insatisfechos y seguimos buscando sin encontrar lo que deseamos. Ningún placer mundano puede proporcionarnos la felicidad perfecta y completa que buscamos. Cada día se fabrican objetos más sofisticados. Continuamente aparecen anuncios de nuevos productos que acaban de salir al mercado, pero poco después son reemplazados por la última innovación, que es aún mejor. La producción de nuevos artículos de consumo con el propósito de incrementar nuestros deseos no tiene fin.

Los niños en la escuela nunca consiguen satisfacer sus ambiciones ni las de sus padres. Aunque consigan ser los primeros de la clase, no estarán satisfechos a menos que lo logren de nuevo en el curso siguiente. Si en el futuro tienen éxito en el trabajo, su ambición seguirá creciendo, jamás podrán descansar porque nunca se sienten plenamente satisfechos con lo que han conseguido.

Quizá pensemos que, al menos, los agricultores que llevan una vida sencilla en el campo deben de estar contentos, pero si analizamos su situación, comprobaremos que también buscan lo que desean y no logran encontrarlo. Sus vidas están llenas de incertidumbre y problemas y no disfrutan de paz ni satisfacción verdaderas. Sus medios de vida dependen de factores imprevisibles que no pueden controlar, como el tiempo. Los agricultores sufren de insatisfacción igual que los ejecutivos que viven y trabajan en la ciudad. Aunque los hombres de negocios vayan bien arreglados y parezcan muy competentes al dirigirse cada mañana a sus oficinas con sus maletines en la mano, bajo su buen aspecto externo, guardan mucha insatisfacción en su interior y siguen buscando lo que desean, pero no lo encuentran.

Al reflexionar de este modo, es posible que lleguemos a la conclusión de que para encontrar lo que buscamos es necesario abandonar nuestras posesiones. No obstante, podemos ver que los pobres también buscan y no encuentran lo que desean. Muchos de ellos no disponen ni siquiera de las necesidades básicas para vivir; millones de personas experimentan los sufrimientos derivados de la pobreza extrema.

Tampoco podemos evitar el sufrimiento de la insatisfacción modificando continuamente las circunstancias. Es posible

Alcanza la liberación permanente del ciclo del samsara, donde no hay verdadera felicidad

que pensemos que si cambiamos a menudo de pareja o de trabajo, o si viajamos sin cesar, encontraremos lo que deseamos; pero aunque demos la vuelta al mundo y tengamos un nuevo amante en cada ciudad, seguiremos insatisfechos y desearemos seguir cambiando la situación en que vivimos. En el samsara no es posible satisfacer plenamente los deseos.

Todas las personas, ya sean de alta o baja posición social, hombres o mujeres, se diferencian solo en su apariencia, modo de vestir, conducta y estatus. En esencia, todos son iguales porque todos tienen problemas en la vida. Siempre que tenemos problemas pensamos que son producidos por las circunstancias y que si estas cambiasen, desaparecerían. Culpamos a otras personas, a los amigos, a los alimentos, al gobierno, al tiempo, al clima, a la sociedad, a la historia o a cualquier otra cosa. Sin embargo, las circunstancias externas no son la causa principal de nuestros problemas. Debemos reconocer que los dolores físicos y el sufrimiento mental que experimentamos son el resultado de haber obtenido un renacimiento contaminado por el veneno interno de las perturbaciones mentales. Los seres humanos hemos de padecer las diversas clases de sufrimientos característicos de nuestra especie por tener un renacimiento humano contaminado. Los animales han de padecer sufrimiento animal por tener un renacimiento animal contaminado; y los espíritus ávidos y los seres de los infiernos experimentan sus propios sufrimientos por haber obtenido sus respectivos renacimientos contaminados. Ni siquiera los dioses están libres del sufrimiento porque su renacimiento también está contaminado. Al igual que una persona atrapada en un gran incendio siente mucho miedo, nosotros también hemos de generar un intenso temor a los insoportables sufrimientos del ciclo interminable de vidas impuras. Este miedo es la verdadera renuncia y procede de la sabiduría.

MEDITACIÓN

Como práctica preparatoria recitamos las *Oraciones para meditar* concentrándonos en su significado. A continuación, realizamos la siguiente contemplación:

Mientras no me libere del samsara, el ciclo de renacimientos contaminados, tendré que seguir experimentando sin cesar, vida tras vida, los sufrimientos del nacimiento, las enfermedades, la vejez, la muerte y tener que separarme de lo que me gusta, enfrentarme con lo que no me gusta y fracasar en satisfacer mis deseos.

Después de reflexionar de este modo varias veces, tomamos la siguiente determinación: «He de abandonar el samsara y alcanzar la paz interior suprema del nirvana». Esta resolución es el objeto de nuestra meditación y nos concentramos en ella sin olvidarla; hemos de mantenerla en nuestra mente de manera convergente durante tanto tiempo como podamos. Si perdemos el objeto de meditación, debemos renovarlo de inmediato recordando la decisión anterior o repitiendo la contemplación.

Al final de la sesión de meditación, dedicamos las virtudes que hayamos acumulado con esta práctica para alcanzar la realización de la renuncia y la iluminación para la felicidad de todos los seres sintientes.

Durante el descanso de la meditación no debemos olvidar nuestra decisión de abandonar el samsara y alcanzar la liberación. Cuando tengamos dificultades o veamos que otros las tienen, hemos de utilizarlas para recordar las desventajas de la existencia cíclica. Cuando las condiciones sean favorables, no debemos engañarnos, sino recordar que los placeres del samsara no son duraderos y nos defraudan. De este modo podemos utilizar cualquier situación de la vida diaria para mejorar nuestra práctica de renuncia.

El método propiamente dicho para liberarnos del samsara y alcanzar la liberación es la práctica de los tres adiestramientos superiores –el adiestramiento en la disciplina moral, la concentración y la sabiduría con la motivación de renuncia–. Con el cuerpo de la disciplina moral, la mano de la concentración y el hacha de la sabiduría que realiza la vacuidad podremos cortar el árbol venenoso del aferramiento propio junto con todas sus ramas, las demás perturbaciones mentales. De este modo, experimentaremos la paz interior permanente, la verdadera liberación o nirvana.

Refúgiate bajo la gran sombrilla del budismo

El nivel superior

Debemos mantener día y noche la renuncia, el deseo de escapar del samsara y alcanzar la liberación. Este deseo es el fundamento para alcanzar realizaciones superiores y el camino principal que nos conduce hacia la liberación. Sin embargo, no debemos conformarnos con alcanzar solo la liberación propia; hemos de pensar también en el bienestar de los demás seres. Hay innumerables seres sintientes que están atrapados en la prisión del samsara y que están sometidos a todo tipo de sufrimientos. Cada uno de nosotros somos solo una persona, mientras que los demás seres son innumerables. Por lo tanto, la felicidad y la libertad de los demás son mucho más importantes que las nuestras. Por esta razón debemos entrar en el camino mahayana, el método supremo para beneficiar a todos los seres sintientes. *Mahayana* significa 'gran vehículo que conduce a la iluminación'. La puerta que atravesamos para entrar en el camino mahayana es generar la mente que desea de manera espontánea alcanzar la iluminación por el beneficio de todos los seres sintientes. Esta preciosa mente se denomina *bodhichita*.

7. ECUANIMIDAD

El objetivo de esta meditación es liberar nuestra mente de actitudes desequilibradas, que son el obstáculo principal para cultivar amor imparcial, compasión y bodhichita, realizaciones fundamentales del camino mahayana. Por lo general, nuestros sentimientos en relación con los demás no son equilibrados. Cuando vemos a un amigo o a alguien que nos parece atractivo, nos alegramos; si nos encontramos con un enemigo o con una persona que nos desagrada, enseguida nos disgustamos; y cuando tropezamos con un desconocido o con alguien que ni nos gusta ni nos disgusta, sentimos indiferencia. Mientras mantengamos estas diferencias en relación con los demás, nuestra mente será como un campo árido y rocoso en el que no pueden crecer los frutos de las realizaciones mahayanas. Por lo tanto, nuestra primera tarea ha de consistir en liberarnos de esta inestabilidad emocional y cultivar verdadera ecuanimidad, una actitud cálida y amistosa hacia todos los seres sintientes.

MEDITACIÓN

Como práctica preparatoria recitamos las *Oraciones para meditar* concentrándonos en su significado. A continuación, realizamos la siguiente contemplación:

No tiene sentido tener apego a una persona que me parece atractiva, sentir aversión por la que me resulta desagradable o indiferencia hacia las demás. La persona que a mí me parece atractiva puede ser un objeto de aversión para otros; la que a mí me resulta desagradable puede ser un objeto de apego para otros; y la que me es indiferente puede ser un objeto de apego o de aversión para otros. No tengo ninguna certeza. Las apariencias atractivas, desagradables e indiferentes no son más que proyecciones equívocas, desequilibran mi mente y me hacen perder la tranquilidad y la felicidad.

Después de contemplar estos razonamientos varias veces, tomamos la siguiente resolución: «Voy a liberar mi mente de sentimientos desequilibrados hacia los demás y a cultivar y mantener una actitud ecuánime de afecto y amistad hacia todos los seres sintientes». Entonces, generamos este sentimiento de afecto y amistad hacia todos los seres sintientes sin excepción. Este sentimiento de ecuanimidad es el objeto de nuestra meditación y nos concentramos en él sin olvidarlo; hemos de mantenerlo en nuestra mente de manera convergente durante tanto tiempo como podamos. Si perdemos el objeto de meditación, debemos renovarlo de inmediato recordando la decisión anterior o repitiendo la contemplación.

Al final de la sesión de meditación dedicamos las virtudes que hayamos acumulado con esta práctica para alcanzar la realización de la ecuanimidad y la iluminación para la felicidad de todos los seres sintientes.

Durante el descanso de la meditación debemos mantener este sentimiento de ecuanimidad día y noche, y sentir afecto cada vez que nos encontremos con una persona o pensemos en ella. Si lo conseguimos, no tendremos motivos para sentir odio o apego, y nuestra mente gozará de paz y tranquilidad en todo momento.

Vive en paz y armonía con los demás

8. RECONOCIMIENTO DE QUE TODOS LOS SERES SON NUESTRAS MADRES

La mente de bodhichita, el camino principal hacia la iluminación, depende de la compasión universal y del amor que estima a los demás, que a su vez dependen del amor afectivo. Para mejorar nuestro amor afectivo hacia todos los seres sintientes, comenzamos contemplando que todos ellos han sido nuestra madre.

Puesto que es imposible encontrar el principio de nuestro continuo mental, podemos afirmar que en el pasado hemos renacido innumerables veces y que, en consecuencia, hemos tenido incontables madres. ¿Dónde están ahora? Nuestras madres son los seres sintientes.

Es incorrecto pensar que nuestras madres de vidas pasadas han dejado de serlo porque ha transcurrido mucho tiempo desde que cuidaron de nosotros. Si nuestra madre muriera hoy, ¿dejaría de ser nuestra madre? No, todavía la consideraríamos como tal y rezaríamos por su felicidad. Lo mismo ocurre con todas las madres que tuvimos en el pasado: murieron, pero siguen siendo nuestras madres. Ahora no nos reconocemos porque nuestra apariencia física es distinta.

En nuestra vida diaria nos encontramos con diferentes seres sintientes, humanos y no humanos. A algunos los consideramos amigos, a otros enemigos y a la mayoría desconocidos. Este tipo de discriminación es producto de nuestras mentes equívocas y las mentes válidas no lo verifican. En lugar de seguir estas mentes equívocas, es más beneficioso considerar que todos los seres sintientes son nuestras madres. Cuando nos encontremos con alguien, debemos pensar: «Esta persona es mi madre». De este modo, generaremos un sentimiento ecuánime de afecto hacia todos los seres.

Si pensamos que todos los seres sintientes son nuestras madres, nos resultará fácil sentir amor puro y compasión hacia ellos, nuestras relaciones diarias serán más estables y constructivas, y evitaremos de manera natural cometer acciones perjudiciales, como matar o hacer daño a los demás. Puesto que reconocer que todos los seres son nuestras madres nos aporta enormes beneficios, deberíamos adoptar esta manera de pensar sin vacilaciones.

MEDITACIÓN

Como práctica preparatoria recitamos las *Oraciones para meditar* concentrándonos en su significado. A continuación, realizamos la siguiente contemplación:

Puesto que es imposible encontrar el principio de mi continuo mental, se puede afirmar que en el pasado he renacido innumerables veces y que, en consecuencia, he tenido incontables madres. ¿Dónde están ahora? Mis madres son todos los seres sintientes.

Reflexionamos de este modo varias veces hasta que reconozcamos que todos los seres sintientes son nuestra madre. Este reconocimiento es el objeto de nuestra meditación y nos concentramos en él sin olvidarlo; hemos de mantenerlo en nuestra mente de manera convergente durante tanto tiempo como podamos. Si perdemos el objeto de meditación, debemos renovarlo de inmediato recordando la decisión anterior o repitiendo la contemplación.

Al final de la sesión de meditación dedicamos las virtudes que hayamos acumulado con esta práctica para alcanzar la realización de que todos los seres son nuestra madre y la iluminación para la felicidad de todos los seres sintientes.

Durante el descanso de la meditación debemos recordar este reconocimiento día y noche. Debemos considerar que todos los seres son nuestras madres. Esto incluye a los insectos y otros animales, y también a nuestros enemigos y demás seres humanos. En lugar de clasificar a las personas como amigos, enemigos o desconocidos, debemos considerar que todas son nuestras madres. De este modo, superaremos los sentimientos perjudiciales de apego, odio e indiferencia.

Recibe la riqueza interior de la sabiduría y la compasión de la preciosa vasija del Dharma kadam

9. APRECIO DE LA BONDAD DE TODOS LOS SERES

Cuando nos hayamos convencido de que todos los seres son nuestras madres, contemplamos la inmensa bondad que nos mostraron cuando fueron nuestra madre y también en otras ocasiones.

Cuando fuimos concebidos, si nuestra madre no hubiera querido mantenernos en su seno, podría haber abortado y, si lo hubiera hecho, ahora no dispondríamos de esta vida. Gracias a su buen corazón nos mantuvo en su seno y ahora disfrutamos de esta existencia humana con todas sus ventajas. Cuando éramos un bebé nos cuidó con continua atención. De no haberlo hecho, lo más probable es que hubiésemos sufrido algún accidente y ahora estaríamos discapacitados o ciegos. Por fortuna, nuestra madre nunca nos descuidó. Veló por nosotros día y noche con gran amor y cariño, considerándonos más importantes que ella misma. Nos salvó la vida muchas veces al día. Por la noche interrumpimos su sueño y durante el día sacrificó sus pequeños placeres por nosotros. Tuvo que abandonar su trabajo, y cuando sus amigos salían a divertirse, ella se quedaba en casa para cuidarnos. Gastó todos sus ahorros para darnos los mejores alimentos y ropas. Nos enseñó a comer, a andar y a hablar. Pensando en nuestro futuro, hizo lo posible para que recibiéramos una buena educación. Gracias a su bondad, ahora podemos aprender con facilidad lo que nos propongamos y tenemos la oportunidad de practicar el Dharma y alcanzar la iluminación.

Puesto que todos los seres han sido nuestra madre en alguna de nuestras vidas pasadas y cuando fuimos su hijo nos trataron con el mismo amor y cuidado que nuestra madre actual, podemos afirmar que han sido muy bondadosos con nosotros.

La bondad de todos los seres no se limita al período de tiempo en que fueron nuestra madre. Cada día satisfacemos nuestras necesidades básicas gracias a la amabilidad de otros.

De nuestra vida anterior vinimos desnudos al mundo, pero desde el primer día, gracias a la bondad de los demás, recibimos un hogar, alimentos, vestidos y cualquier cosa que necesitamos. Todo lo que disfrutamos lo debemos a la bondad de innumerables personas en el pasado o en el presente.

Ahora podemos utilizar numerosos servicios con el mínimo esfuerzo. Si consideramos los servicios públicos e instalaciones, como carreteras, coches, trenes, aviones, barcos, casas, restaurantes, hoteles, bibliotecas, hospitales, tiendas, dinero y demás, es obvio que muchas personas han trabajado duro para que estén disponibles. Aunque nosotros aportemos muy poco o nada al abastecimiento de estas comodidades, se encuentran a nuestra disposición, y esto es una muestra de la gran bondad de los demás.

Nuestra educación y nuestro adiestramiento espiritual tampoco habrían sido posibles sin la ayuda y amabilidad de otros seres. Todas nuestras realizaciones de Dharma, desde las primeras experiencias hasta los logros de la liberación y la iluminación, las alcanzaremos también gracias a la gran bondad de los demás.

MEDITACIÓN

Como práctica preparatoria recitamos las *Oraciones para meditar* concentrándonos en su significado. A continuación, realizamos la siguiente contemplación pensando en todos los seres sintientes:

En vidas anteriores, cuando era su hijo, todos los seres me trataron con la misma bondad con la que mi madre actual me ha cuidado en esta vida.

La bondad de estos seres sintientes no se limita al período de tiempo en que fueron mi madre, puesto que son ellos quienes me proporcionan todo lo que necesito a diario. Mi educación en general, mi adiestramiento espiritual y todas mis realizaciones de Dharma, desde mi primera comprensión hasta el logro final de la liberación y la iluminación, los alcanzaré gracias a la bondad de estos seres.

Después de reflexionar sobre la bondad de todos los seres sintientes varias veces, generamos un profundo amor afectivo hacia ellos. Este sentimiento es el objeto de nuestra meditación y nos concentramos en él sin olvidarlo; hemos de mantenerlo en nuestra mente de manera convergente durante tanto tiempo como podamos. Si perdemos el objeto de meditación, debemos renovarlo de inmediato recordando nuestro amor afectivo o repitiendo la contemplación.

Al final de la sesión de meditación dedicamos las virtudes que hayamos acumulado con esta práctica para alcanzar la realización del amor afectivo y la iluminación para la felicidad de todos los seres sintientes.

Cuando realicemos cualquier actividad durante el descanso de la meditación, debemos mantener un sentimiento de amor afectivo hacia cualquier ser con el que nos encontremos o en quien pensemos. De este modo, este sentimiento especial nos impedirá perjudicar a los demás impulsados por el odio o el apego.

Disfruta de la pureza de tus pensamientos y obras

10. IGUALARSE UNO MISMO CON LOS DEMÁS

Igualarnos con los demás significa amarlos tanto como a nosotros mismos. Hasta ahora solo nos hemos querido a nosotros mismos. El objetivo de la presente meditación es extender este sentimiento de amor hacia todos los seres, de manera que amemos a los demás con la misma intensidad con que nos queremos a nosotros.

MEDITACIÓN

Como práctica preparatoria recitamos las *Oraciones para meditar* concentrándonos en su significado. A continuación, realizamos la siguiente contemplación:

Debo amar a los demás tanto como a mí mismo por las siguientes razones:

1) *Todos los seres sintientes han sido muy bondadosos conmigo tanto en esta vida como en las pasadas;*
2) *al igual que yo deseo liberarme del sufrimiento y experimentar solo felicidad, los demás seres desean exactamente lo mismo. En este sentido no soy diferente de los demás, todos somos iguales, y*
3) *puesto que yo solo soy una persona mientras que los demás seres son innumerables, ¿cómo puedo preocuparme solo de mí mismo y olvidarme de los demás? Mi felicidad y sufrimiento son insignificantes en comparación con la felicidad y el sufrimiento de los demás seres sintientes.*

Después de reflexionar de este modo varias veces, generamos el amor que estima a todos los seres sintientes por igual. Este sentimiento es el objeto de nuestra meditación y nos concentramos en él sin olvidarlo; hemos de mantenerlo en nuestra mente de manera convergente durante tanto tiempo como podamos. Si perdemos el objeto de meditación, debemos renovarlo de inmediato recordando el amor que estima a todos los seres por igual o repitiendo la contemplación.

Al final de la sesión de meditación dedicamos las virtudes que hayamos acumulado con esta práctica para alcanzar la realización de igualarse uno mismo con los demás y la iluminación para la felicidad de todos los seres sintientes.

Durante el descanso de la meditación, cada vez que nos encontremos con algún ser sintiente o pensemos en él, hemos de sentir verdadero amor hacia él considerando que su felicidad y libertad son muy importantes. Si nos adiestramos de este modo, solucionaremos nuestros problemas diarios, puesto que la mayoría de ellos surgen por considerarnos más importantes que los demás.

11. DESVENTAJAS DE LA ESTIMACIÓN PROPIA

¿Qué es la estimación propia? La estimación propia es nuestra mente que piensa: «yo soy importante» y descuida a los demás. Cuando pensamos: «yo» o «mío», percibimos un yo con existencia inherente, lo estimamos y creemos que su felicidad y libertad son lo más importante. Esto es lo que se denomina *estimación propia*. Cuidar de nosotros mismos no es estimación propia. Debemos cuidarnos para mantener esta vida humana y así seguir esforzándonos de manera continua en realizar su verdadero significado.

La estimación propia y el aferramiento propio son aspectos diferentes de una misma mente. El aferramiento propio se aferra a un yo con existencia inherente y la estimación propia cree que ese yo es muy especial y que su felicidad y libertad son de suprema importancia. La estimación propia es nuestro pensamiento habitual que cree: «yo soy importante» y «mi felicidad y libertad son importantes», y que no da importancia a la felicidad y la libertad de los demás. Forma parte de nuestra ignorancia porque en realidad no existe ningún yo con existencia inherente. Sin embargo, nuestra estimación propia estima este yo y cree que es lo más importante. Es una mente estúpida y engañosa que perturba en todo momento nuestra paz interior y es un gran obstáculo para realizar el verdadero significado de nuestra vida humana. La estimación propia ha permanecido en nuestro corazón desde tiempo sin principio, vida tras vida, incluso cuando dormíamos y soñábamos.

Shantideva dice en su *Guía de las obras del Bodhisatva*:

«[...]
todo el sufrimiento
surge de desear nuestra propia felicidad».

Los sufrimientos no son castigos que nos impone nadie, sino que proceden de la mente de estimación propia, que desea la felicidad propia pero no se preocupa por la de los demás. Esto puede comprenderse desde dos puntos de vista: uno es que la estimación propia es la causante de todos nuestros sufrimientos y problemas, y otro, que es la base para experimentarlos.

Sufrimos porque en vidas pasadas, motivados por la intención egoísta –la estimación propia–, cometimos acciones que causaron sufrimiento a los demás. Como resultado, ahora experimentamos sufrimientos y problemas. Por lo tanto, la verdadera culpable de todos ellos es la mente de estimación propia.

Los diferentes sufrimientos y problemas que experimentamos ahora están relacionados con determinadas acciones que cometimos en vidas pasadas. Esta relación es muy sutil y no es posible verla con los ojos, pero podemos comprenderla por medio de la sabiduría y, en especial, confiando en las enseñanzas de Buda sobre el karma. Por lo general, todos sabemos que si cometemos malas acciones, obtendremos malos resultados, y si realizamos buenas acciones, los resultados serán buenos.

La estimación propia también es la base a partir de la cual experimentamos todos nuestros sufrimientos y problemas. Por ejemplo, cuando algunas personas no consiguen satisfacer sus deseos, se deprimen, se desaniman, se sienten desdichadas e incluso piensan en suicidarse. Esto se debe a que su estimación propia les hace creer que sus deseos son muy importantes. Por lo tanto, la culpable de su infelicidad es la estimación propia. Sin ella no habría motivos para padecer estas aflicciones.

Cuando padecemos una enfermedad grave nos resulta difícil aceptar el sufrimiento que tenemos, pero la enfermedad solo nos perjudica porque nos estimamos a nosotros mismos. Cuando otra persona tiene una enfermedad similar, no nos importa. ¿Por qué? Porque no la estimamos. No obstante, si estimáramos a los demás como a nosotros mismos, nos resultaría difícil soportar su sufrimiento. Esto es compasión. Shantideva dice:

«El sufrimiento que experimento
no perjudica a los demás,
pero me resulta difícil de soportar
porque me estimo a mí mismo.

Del mismo modo, el sufrimiento de los demás
no me perjudica a mí,
pero si los estimara,
me resultaría difícil de soportar».

Vida tras vida, desde tiempo sin principio, hemos intentado satisfacer los deseos de nuestra estimación propia creyendo que su punto de vista es correcto. Nos hemos esforzado en encontrar la felicidad en fuentes externas, pero hemos fracasado. Debido a que nuestra estimación propia nos ha engañado, hemos desperdiciado innumerables vidas pasadas. Nos ha hecho trabajar por nuestro propio beneficio, pero no hemos obtenido nada. Esta mente estúpida ha hecho que nuestras vidas pasadas estuvieran vacías, puesto que lo único que hemos traído a este renacimiento humano han sido nuestros engaños. Todos los días, a cada momento, nuestra estimación propia nos sigue engañando.

MEDITACIÓN

Como práctica preparatoria recitamos las *Oraciones para meditar* concentrándonos en su significado. A continuación, recordando las numerosas desventajas de la estimación propia mencionadas con anterioridad, pensamos:

Nada me causa tanto daño como el demonio de la estimación propia. Es la causa de todas mis faltas, desgracias, problemas y sufrimientos.

Después de reflexionar de este modo varias veces, tomamos la siguiente determinación: «He de eliminar mi mente de estimación propia». Esta determinación es el objeto de nuestra meditación y nos concentramos en ella sin olvidarla; hemos de mantenerla en nuestra mente de manera convergente durante tanto tiempo como podamos. Si perdemos el objeto de meditación, debemos renovarlo de inmediato recordando la determinación anterior o repitiendo la contemplación.

Al final de la sesión de meditación dedicamos las virtudes que hayamos acumulado con esta práctica para alcanzar la realización de reconocer las desventajas de la estimación propia y la iluminación para la felicidad de todos los seres sintientes.

Durante el descanso de la meditación hemos de ser conscientes en todo momento de las desventajas de la estimación propia, y recordando una y otra vez la determinación que tomamos durante la meditación, intentar eliminarla de manera gradual. Cuando padezcamos cualquier sufrimiento o dificultad, no debemos culpar a los demás o a las circunstancias externas, sino reconocer que, en realidad, todos nuestros problemas surgen de la estimación propia. Por lo tanto, cuando las condiciones no sean favorables, solo debemos culpar a nuestro propio egoísmo. Si practicamos de este modo, nuestra mente de estimación propia, la raíz de todas las faltas, se irá debilitando y finalmente desaparecerá por completo.

12. VENTAJAS DE ESTIMAR A LOS DEMÁS

Cuando pensamos en profundidad que los demás, así como su felicidad y libertad, son importantes, los estamos estimando. Si estimamos a los demás de este modo, siempre mantendremos buenas relaciones, viviremos en armonía con ellos y disfrutaremos de una vida cotidiana apacible y feliz. Podemos comenzar a realizar esta práctica con nuestros familiares, amigos y las personas que nos rodean, y poco a poco ampliarla hasta generar y mantener el amor que estima a todos los seres sintientes sin excepción.

Shantideva dice en su *Guía de las obras del Bodhisatva*:

«Toda la felicidad de este mundo
surge del deseo de que los demás sean felices».

Si lo analizamos con detenimiento, comprenderemos que toda nuestra felicidad, tanto la presente como la futura, es el resultado de estimar a los demás, de desear que sean felices. En nuestras vidas pasadas, gracias a que estimamos a los demás, realizamos acciones virtuosas como abstenernos de hacerles daño, matarlos, robarles y engañarlos. Les ofrecimos ayuda material y protección, y practicamos la paciencia. Como resultado de estas buenas acciones hemos obtenido esta preciosa vida humana y ahora tenemos la oportunidad de disfrutar de los placeres humanos.

El resultado más inmediato de estimar a los demás será que muchos de nuestros problemas cotidianos, como los provocados por el odio, los celos y el egoísmo, desaparecerán y nuestra mente disfrutará de paz y tranquilidad. Puesto que actuaremos con consideración, complaceremos a los demás y no discutiremos ni nos pelearemos con ellos. Si estimamos a los demás, desearemos ayudarlos en lugar de perjudicarlos y de forma natural evitaremos cometer acciones indebidas. De este modo, realizaremos acciones virtuosas, como practicar la compasión, el amor, la paciencia y la generosidad de ofrecer ayuda material y protección, y así crearemos las causas para alcanzar la felicidad pura y permanente en el futuro.

En particular, si estimamos a los demás tanto como a nosotros mismos, nos resultará difícil soportar su sufrimiento. El sentimiento de que nos resulta difícil soportar el sufrimiento de todos los demás seres es la compasión universal, y esta mente nos conduce con rapidez hacia la felicidad pura y permanente de la iluminación. Al igual que todos los Budas del pasado, de la madre de la compasión universal naceremos como un ser iluminado. Por ello, gracias a nuestro amor que estima a todos los seres sintientes, alcanzaremos la iluminación con gran rapidez.

MEDITACIÓN

Como práctica preparatoria recitamos las *Oraciones para meditar* concentrándonos en su significado. A continuación, realizamos la siguiente contemplación:

> *La preciosa mente que estima a todos los seres sintientes nos protege a mí y a los demás del sufrimiento, nos proporciona felicidad pura y permanente, y colma nuestros deseos y los de los demás.*

Después de reflexionar de este modo varias veces, tomamos la siguiente determinación: «Debo estimar siempre a todos los seres sintientes». Esta determinación es el objeto de nuestra meditación y nos concentramos en ella sin olvidarla; hemos de mantenerla en nuestra mente de manera convergente durante tanto tiempo como podamos. Si perdemos el objeto de meditación, debemos renovarlo de inmediato recordando la determinación anterior o repitiendo la contemplación.

Al final de la sesión de meditación dedicamos las virtudes que hayamos acumulado con esta práctica para alcanzar la realización de estimar a los demás y la iluminación para la felicidad de todos los seres sintientes.

Durante el descanso de la meditación debemos recordar nuestra determinación y ponerla en práctica en todo momento. Debemos recordar siempre los numerosos beneficios de estimar a los demás y seguir aumentando nuestro amor, respeto y consideración por ellos. Esto significa que debemos estimar realmente a todos los seres sintientes, incluidos los animales.

Escucha el precioso sonido de la concha del Dharma,
contempla su significado y medita en él

13. CAMBIARSE UNO MISMO POR LOS DEMÁS

El objetivo de esta meditación es cambiarnos por los demás, que significa cambiar el objeto de nuestra estima, de manera que abandonemos nuestra estimación propia y estimemos solo a los demás.

MEDITACIÓN

Como práctica preparatoria recitamos las *Oraciones para meditar* concentrándonos en su significado. A continuación, realizamos la siguiente contemplación:

Vida tras vida, desde tiempo sin principio, he sido esclavo de mi estimación propia. He confiado en ella y obedecido sus órdenes, creyendo que para solucionar mis problemas y encontrar la felicidad debía considerarme más importante que los demás. He trabajado duro durante mucho tiempo por mi propio beneficio, pero ¿qué resultados he obtenido? ¿He solucionado mis problemas y encontrado la felicidad que deseo? Es evidente que no, puesto que buscar mis propios intereses egoístas no ha hecho más que perjudicarme. Me he dejado engañar por mi estimación propia durante innumerables vidas y debo reconocer que no me ha servido de nada. Ahora es el momento de cambiar el objeto de mi estima y, en lugar de estimarme a mí mismo, amar a los demás.

Después de reflexionar de este modo varias veces, tomamos con firmeza la siguiente determinación: «Debo dejar de estimarme a mí mismo y, en lugar de ello, he de estimar a todos los seres sintientes sin excepción». Esta determinación es el objeto de nuestra meditación y nos concentramos en ella sin olvidarla; hemos de mantenerla en nuestra mente de manera convergente durante tanto tiempo como podamos. Si perdemos el objeto de meditación, debemos renovarlo de inmediato recordando la determinación anterior o repitiendo la contemplación.

Al final de la sesión de meditación dedicamos las virtudes que hayamos acumulado con esta práctica para alcanzar la realización de cambiarnos por los demás y la iluminación para la felicidad de todos los seres sintientes.

Durante el descanso de la meditación hemos de mantener la determinación que tomamos durante la meditación y ponerla en práctica. Debemos esforzarnos por no seguir los impulsos de nuestro egoísmo y estimar a los demás. Cuando logremos cierta familiaridad con la práctica de cambiarnos por los demás, seremos capaces de aceptar con alegría cualquier dolor o dificultad, como las enfermedades, las pérdidas o las críticas, y de ofrecer toda nuestra felicidad y condiciones favorables a los demás.

14. LA GRAN COMPASIÓN

La gran compasión es la mente que desea con sinceridad liberar de manera permanente a todos los seres sintientes del sufrimiento. Si a partir del amor que estima a todos los seres sintientes reflexionamos sobre los sufrimientos físicos y mentales que han de experimentar vida tras vida sin cesar, su incapacidad para liberarse del sufrimiento, su falta de libertad y cómo al cometer acciones perjudiciales crean las causas de futuros sufrimientos, generaremos una profunda compasión por ellos. Debemos identificarnos con ellos y sentir su dolor como si fuera el nuestro.

Nadie desea sufrir, pero debido a la ignorancia los seres sintientes crean sufrimiento al cometer acciones perjudiciales. Por lo tanto, debemos sentir la misma compasión por todos los seres sintientes sin excepción; no hay un solo ser sintiente que no sea digno de compasión.

Todos los seres experimentan sufrimiento porque tienen renacimientos contaminados. Los seres humanos nos vemos obligados a padecer los tremendos sufrimientos característicos de nuestra especie por haber obtenido un renacimiento humano contaminado por el veneno interno de las perturbaciones mentales. Del mismo modo, los animales han de experimentar el sufrimiento animal; y los espíritus ávidos y los seres de los infiernos los propios de sus respectivos reinos. Si los seres sintientes tuvieran que experimentar estos sufrimientos durante una sola vida, no sería tan trágico, pero el ciclo del sufrimiento continúa sin fin, vida tras vida.

Para generar la mente de renuncia, anteriormente reflexionamos sobre los insoportables sufrimientos característicos de los animales, los espíritus ávidos, los seres de los infiernos, los humanos, los semidioses y los dioses, que tendremos que padecer en nuestras incontables vidas futuras. Ahora, para generar compasión hacia todos los seres sintientes, nuestras madres, contemplamos que todos ellos, en sus incontables vidas futuras, tendrán que padecer los sufrimientos insoportables de los animales, los espíritus ávidos, los seres de los infiernos, los humanos, los semidioses y los dioses.

MEDITACIÓN

Como práctica preparatoria recitamos las *Oraciones para meditar* concentrándonos en su significado. Imaginamos que nuestros padres están a nuestro lado rodeados de todos los seres de los seis reinos con aspecto humano. A continuación, nos concentramos en todos los seres sintientes y realizamos la siguiente contemplación:

No puedo soportar el sufrimiento de los innumerables seres, mis madres. Atrapados en el extenso y profundo océano del samsara, el ciclo de renacimientos contaminados, tienen que experimentar dolores físicos y sufrimientos mentales insoportables tanto en esta vida como en las innumerables vidas futuras. He de liberar para siempre a todos estos seres sintientes de su sufrimiento.

Después de reflexionar de este modo varias veces, generamos un intenso deseo de liberar a todos los seres sintientes del sufrimiento y de los renacimientos contaminados. Este deseo es el objeto de nuestra meditación. Nos concentramos en esta mente de gran compasión, la compasión universal, sin olvidarla; hemos de mantenerla en nuestra mente de manera convergente durante tanto tiempo como podamos. Si perdemos el objeto de meditación, debemos renovarlo de inmediato recordando nuestro deseo de liberar a todos los seres sintientes del sufrimiento o repitiendo la contemplación.

Al final de la sesión de meditación dedicamos las virtudes que hayamos acumulado con esta práctica durante la meditación para alcanzar la realización de la gran compasión y la iluminación para la felicidad de todos los seres sintientes.

Durante el descanso de la meditación, debemos mantener día y noche un corazón compasivo. Cuando veamos a alguien sufriendo o sepamos que alguien sufre, hemos de aumentar nuestra compasión e intentar ayudarlo en la práctica según nuestra capacidad. Por ejemplo, podemos rescatar animales en peligro de muerte, consolar a los desamparados o aliviar el dolor de los enfermos.

Pon gran esfuerzo en alcanzar la iluminación

15. LA PRÁCTICA DE TOMAR

El objetivo de esta meditación es purificar nuestra mente de la estimación propia y las acciones perjudiciales, acumular gran cantidad de méritos y, en particular, aumentar nuestras actividades compasivas. En este contexto, *tomar* significa tomar el sufrimiento, tanto físico como mental, de los demás sobre nosotros mismos motivados por la gran compasión. Durante la meditación tomamos mentalmente el sufrimiento de los demás utilizando nuestra imaginación. Después de adquirir experiencia en esta meditación, seremos capaces de aceptar con alegría nuestro propio sufrimiento para liberar a todos los seres sintientes del suyo. De este modo, tomamos físicamente el sufrimiento de los demás sobre nosotros mismos.

MEDITACIÓN

Como práctica preparatoria recitamos las *Oraciones para meditar* concentrándonos en su significado. A continuación, realizamos la siguiente contemplación:

Comenzamos generando la siguiente intención superior: «Voy a liberar a todos los seres sintientes del sufrimiento». Con esta intención, rezamos como sigue: «Que todos los sufrimientos, temores y obstáculos de todos los seres sintientes maduren en mí y se liberen de todos sus problemas». Imaginamos con intensidad que todos sus sufrimientos, temores y obstáculos se acumulan en forma de humo negro que se disuelve en nuestro corazón, destruye nuestra estimación propia y libera a todos los seres sintientes del sufrimiento.

Esta creencia es el objeto de nuestra meditación y nos concentramos en ella sin olvidarla; hemos de mantenerla en nuestra mente de manera convergente durante tanto tiempo como podamos. Si perdemos el objeto de meditación, debemos renovarlo de inmediato recordándolo o repitiendo la práctica.

Al final de la sesión de meditación dedicamos las virtudes que hayamos acumulado con esta práctica para alcanzar la realización de tomar y la iluminación para la felicidad de todos los seres sintientes.

Durante el descanso de la meditación debemos poner en práctica nuestra intención superior, el deseo de tomar el sufrimiento de los demás. Debemos aliviar el dolor de los demás siempre que sea posible y aceptar con alegría nuestro sufrimiento como método para liberar a los demás del suyo. De este modo, nuestra compasión y méritos aumentarán, nuestra estimación propia disminuirá de manera gradual y aumentará el poder de nuestras actividades compasivas.

16. EL AMOR QUE DESEA LA FELICIDAD DE LOS DEMÁS

Después de haber generado amor afectivo por todos los seres sintientes y el amor que estima a los demás, si contemplamos el hecho de que carecen de verdadera felicidad, sentiremos de forma natural amor desiderativo, el intenso deseo de que disfruten de felicidad pura y verdadera. El objetivo principal de esta meditación es desarrollar la capacidad de proporcionar felicidad pura a todos los seres sintientes.

MEDITACIÓN

Como práctica preparatoria recitamos las *Oraciones para meditar* concentrándonos en su significado. A continuación, pensando en todos los seres sintientes realizamos la siguiente contemplación:

Todos estos seres desean en todo momento disfrutar de verdadera felicidad, pero no saben cómo conseguirlo. La felicidad que experimentan como resultado de los placeres mundanos no es verdadera felicidad, sino sufrimiento del cambio, una disminución temporal del sufrimiento manifiesto anterior. Ninguno de los innumerables seres sintientes experimenta felicidad permanente y verdadera.

Contemplamos este razonamiento varias veces hasta que generemos con intensidad el deseo de que todos los seres experimenten felicidad permanente y verdadera. Este deseo es el objeto de nuestra meditación y nos concentramos en él sin olvidarlo; hemos de mantenerlo en nuestra mente de manera convergente durante tanto tiempo como podamos. Si perdemos el objeto de meditación, debemos renovarlo de inmediato recordando el deseo de que todos los seres sintientes sean felices o repitiendo la contemplación.

Al final de la sesión de meditación dedicamos las virtudes que hayamos acumulado para alcanzar la realización del amor que desea la felicidad de los demás y la iluminación por el beneficio de todos los seres sintientes.

Durante el descanso de la meditación hemos de mantener nuestro amor desiderativo, y con esta intención pura rezar y dedicar nuestras virtudes para que todos los seres sintientes experimenten felicidad permanente y verdadera. Debemos esforzarnos en todo momento por mejorar nuestra sabiduría y compasión para ser capaces de proporcionar felicidad pura a todos los seres sintientes.

17. LA PRÁCTICA DE DAR

El objetivo de esta meditación es aprender a poner en práctica el amor que desea la felicidad de los demás. Para ello, damos felicidad pura a todos los seres sintientes utilizando la imaginación. Con esta práctica adquirimos la capacidad de proporcionar felicidad pura y duradera a todos los seres sintientes.

MEDITACIÓN

Como práctica preparatoria recitamos las *Oraciones para meditar* concentrándonos en su significado. A continuación, pensando en todos los seres sintientes realizamos la siguiente contemplación:

Primero pensamos: «Todos estos seres sintientes, mis madres, buscan la felicidad vida tras vida. Desean ser felices, pero en ningún lugar del samsara existe la felicidad verdadera. Por lo tanto, voy a ofrecerles ahora la felicidad suprema de la paz interior permanente».

Luego imaginamos que gracias a nuestra gran acumulación de méritos y al poder de nuestra intención pura de amor desiderativo, nuestro cuerpo adquiere la naturaleza de una joya que colma todos los deseos de cada uno de los seres sintientes. De él irradiamos infinitos rayos de luz que iluminan todo el universo, alcanzan el cuerpo y la mente de todos los seres y les proporcionan la felicidad suprema de la paz interior permanente. Pensamos con convicción que todos los seres sintientes experimentan esta paz.

Esta creencia es el objeto de nuestra meditación y nos concentramos en ella sin olvidarla; hemos de mantenerla en nuestra mente de manera convergente durante tanto tiempo como podamos. Si perdemos el objeto de meditación, debemos renovarlo de inmediato recordando la creencia anterior o repitiendo la contemplación.

Al final de la sesión de meditación dedicamos las virtudes que hayamos acumulado con esta práctica para alcanzar la realización de la práctica de dar y la iluminación para la felicidad de todos los seres sintientes.

Durante el descanso de la meditación hemos de practicar la generosidad de dar amor, Dharma, protección y objetos materiales. Siempre que podamos, debemos ponernos al servicio de los demás. También debemos hacer oraciones y dedicar nuestros méritos para que todos los seres logren felicidad pura. De este modo, aumentaremos nuestro amor desiderativo y nuestros méritos con rapidez.

18. BODHICHITA

La palabra *bodhichita* significa literalmente 'mente de la iluminación' –en sánscrito, *bodhi* significa 'iluminación', y *chita*, 'mente'–. Se define como «la mente que, motivada por compasión hacia todos los seres sintientes, desea de manera espontánea alcanzar la iluminación». La bodhichita nace de la gran compasión, que a su vez surge del amor que estima a los demás. Este amor se puede comparar con un campo; la compasión, con las semillas; tomar y dar, con las condiciones necesarias para su germinación, y la bodhichita, con la cosecha.

La mente de bodhichita es el buen corazón supremo. Esta mente profundamente compasiva constituye la esencia misma del adiestramiento espiritual. Si generamos la mente de bodhichita, perfeccionaremos todas nuestras virtudes, solucionaremos nuestros problemas, colmaremos los deseos de los demás y podremos ayudarlos del modo más apropiado y beneficioso. La bodhichita es nuestro mejor amigo y la cualidad interna más elevada.

MEDITACIÓN

Como práctica preparatoria recitamos las *Oraciones para meditar* concentrándonos en su significado. A continuación, recordamos la intención superior que generamos durante la meditación de tomar y dar, y realizamos la siguiente contemplación:

Aunque me he responsabilizado de liberar a todos los seres sintientes de su sufrimiento, ¿cómo podré lograrlo si no alcanzo antes la iluminación? Solo los seres iluminados tienen poder para proteger a todos los seres y proporcionarles felicidad pura y duradera. Por lo tanto, para colmar mi aspiración de liberar a todos los seres sintientes del sufrimiento, he de convertirme en un Buda, un ser totalmente iluminado.

Contemplamos estos razonamientos varias veces hasta que generemos el intenso deseo de alcanzar la iluminación para liberar a todos los seres sintientes del sufrimiento. Este deseo es el objeto de nuestra meditación y nos concentramos en él sin olvidarlo; hemos de mantenerlo en nuestra mente de manera convergente durante tanto tiempo como podamos. Si perdemos el objeto de meditación, debemos renovarlo de inmediato recordando el deseo anterior o repitiendo la contemplación.

Al final de la sesión de meditación dedicamos las virtudes que hayamos acumulado con esta práctica para alcanzar la realización de la bodhichita y la iluminación para la felicidad de todos los seres sintientes.

Durante el descanso de la meditación hemos de mantener la motivación de bodhichita día y noche. En particular, debemos asegurarnos de que todas nuestras acciones estén motivadas por la mente de bodhichita. De este modo, todas nuestras acciones se convertirán en una poderosa causa para alcanzar la Budeidad.

Cuando hayamos logrado cierta experiencia de la bodhichita, debemos completarla con la práctica de los tres adiestramientos superiores mahayanas: el adiestramiento en la perfección de la disciplina moral, manteniendo con pureza los votos del Bodhisatva; el adiestramiento en la perfección de la estabilización mental, esforzándonos por lograr la permanencia apacible; y el adiestramiento en la perfección de la sabiduría, adiestrándonos en la visión superior. Para una descripción detallada de los votos del Bodhisatva, véase *El voto del Bodhisatva*.

19. LA PERMANENCIA APACIBLE

La bodhichita y la sabiduría que realiza directamente la vacuidad son como las dos alas de un pájaro que nos llevan a nuestro destino, el estado de la iluminación. Para realizar la vacuidad de manera directa es necesario alcanzar la permanencia apacible. Sin esta concentración, nuestra mente es inestable, como la llama de una vela expuesta al viento, y no podemos percibir de manera clara y directa objetos sutiles como la vacuidad. No solo la realización directa de la vacuidad depende de la permanencia apacible, sino que esta última también es necesaria para lograr las realizaciones espontáneas de renuncia y bodhichita, y para adquirir clarividencia y poderes sobrenaturales puros.

Por lo general, si nos concentramos de manera correcta en cualquiera de los veintiún objetos de meditación, nuestra mente permanecerá sin distracciones en un estado apacible, ya que esta es la función de la concentración pura. Sin embargo, la verdadera permanencia apacible es una concentración dotada de los gozos especiales de las flexibilidades física y mental que se alcanza después de completar el adiestramiento en nueve niveles de concentración llamados *nueve permanencias mentales*. Para adiestrarnos en la permanencia apacible, debemos elegir un objeto de meditación, que puede ser cualquiera de los que se describen en este libro. Si preferimos objetos como las mentes de ecuanimidad, amor, compasión o bodhichita, primero hemos de transformar nuestra mente en ese estado mental con la contemplación apropiada y luego mantenerlo en concentración convergente. En cambio, si elegimos objetos como la vacuidad, la impermanencia o el valor de nuestra preciosa existencia humana, primero debemos obtener una imagen mental clara del objeto con la contemplación correspondiente y luego concentrarnos en ella sin distracciones.

En las siguientes instrucciones se muestra cómo iniciar el adiestramiento en la permanencia apacible utilizando la gran compasión como objeto de concentración. Si se desea utilizar cualquier otro objeto, se deberán modificar como corresponda.

MEDITACIÓN

Como práctica preparatoria recitamos las *Oraciones para meditar* concentrándonos en su significado. A continuación, realizamos la siguiente práctica:

Recordamos el amor afectivo que sentimos por todos los seres sintientes y el amor que los estima y pensamos: «No puedo soportar el sufrimiento de los innumerables seres, mis madres. Atrapados en el extenso y profundo océano del samsara, el ciclo de renacimientos contaminados, tienen que experimentar dolores físicos y sufrimientos mentales insoportables tanto en esta vida como en las innumerables vidas futuras. He de liberar para siempre a todos estos seres sintientes de su sufrimiento».

Cuando, como resultado de esta contemplación, sintamos una profunda compasión por todos los seres sintientes, habremos encontrado el objeto de nuestra meditación en la permanencia apacible. Después de transformar nuestra mente en compasión, debemos abandonar la contemplación y mantener esta mente compasiva hacia todos los seres sintientes con una concentración intensa.

Esta concentración es el primero de los nueve niveles de permanencia mental. Si el objeto se desvanece o nuestra mente se distrae, repetimos la contemplación para recuperarlo. Cuando lo hayamos conseguido, detenemos de nuevo la contemplación y nos concentramos en el objeto de manera convergente. Continuamos alternando la contemplación con la meditación hasta que finalice la sesión.

De este modo, seguimos mejorando nuestra concentración hasta que permanezcamos concentrados en el mismo objeto durante cinco minutos. Entonces, habremos logrado el segundo nivel de permanencia mental. Si seguimos mejorando nuestra concentración, alcanzaremos el estado de la permanencia apacible.

Al final de la sesión de meditación dedicamos las virtudes que hayamos acumulado con esta práctica para alcanzar la realización de la permanencia apacible y la iluminación para la felicidad de todos los seres sintientes.

Durante el descanso de la meditación nuestra práctica principal debe consistir en guardar una disciplina moral pura con la ayuda de la retentiva mental y la recta conducta. De este modo, evitaremos distracciones que obstaculicen nuestro adiestramiento en la permanencia apacible. Debemos reflexionar una y otra vez sobre los beneficios de alcanzar la permanencia apacible para aumentar nuestro deseo de adiestrarnos en ella. Si queremos conocer con detalle cómo hacerlo, podemos leer instrucciones de autoridad, como las que se presentan en *El camino gozoso de buena fortuna* y *Tesoro de contemplación*.

Cuando hayamos logrado el cuarto nivel de permanencia mental, estaremos preparados para hacer un retiro estricto con el objetivo de alcanzar la permanencia apacible. En algunos casos, el practicante puede conseguirlo en seis meses. Para tener éxito en el retiro, debemos elegir un lugar apropiado, que sea tranquilo y disponga de todas las condiciones necesarias. Por nuestra parte, debemos reducir nuestros deseos y permanecer siempre satisfechos. Durante el retiro no debemos involucrarnos en actividades mundanas y hemos de mantener una disciplina moral pura, pues ello nos ayudará a reducir las distracciones mentales. En resumen, debemos preparar las condiciones internas y externas necesarias para la práctica de la concentración y eliminar todos los obstáculos que la dificulten.

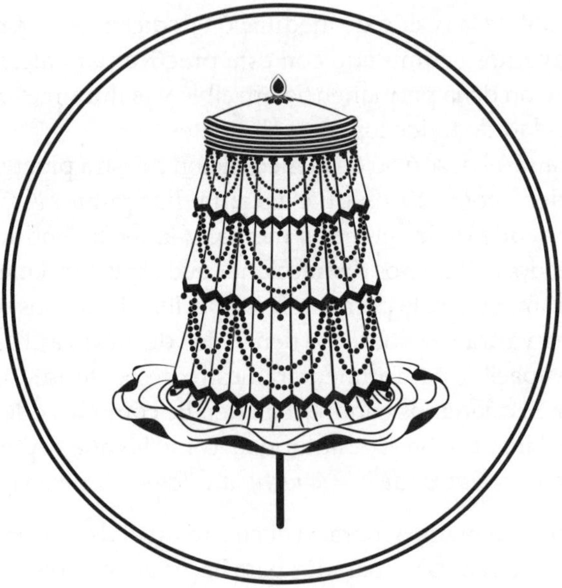

Vence al enemigo de tus engaños

20. LA VISIÓN SUPERIOR

En este contexto, *visión superior* se refiere a la profunda sabiduría que se logra tras haber alcanzado la realización de la permanencia apacible y que percibe el modo real en que existen los objetos. Con esta sabiduría podemos eliminar la ignorancia del aferramiento propio, la raíz de nuestro sufrimiento, y todas las apariencias equívocas, para poder disfrutar de la paz interior suprema de la iluminación. Puesto que el objeto de esta sabiduría es la vacuidad, a continuación se describe cómo meditar en ella.

La vacuidad es la forma en que los fenómenos existen en realidad, que es contraria al modo en que los percibimos. De manera natural pensamos que los objetos que vemos a nuestro alrededor, como mesas, sillas, casas, etcétera, son reales porque creemos que existen exactamente del modo en que aparecen. No obstante, la manera en que nuestros sentidos perciben los fenómenos es engañosa y contraria por completo al modo en que existen en realidad. Los objetos parecen existir por su propio lado, sin depender de nuestra mente. Este libro que percibimos, por ejemplo, parece tener su propia existencia independiente y objetiva. Parece estar «fuera», mientras que nuestra mente parece estar «dentro». Pensamos que el libro puede existir sin nuestra mente; no creemos que nuestra mente participe en modo alguno en su proceso de existencia. Para referirnos a esta clase de existencia independiente de la mente se utilizan varios términos: *existencia verdadera, existencia inherente, existencia por su propio lado* y *existencia por parte del objeto.*

Aunque los fenómenos aparecen directamente ante nuestros sentidos como si tuvieran existencia verdadera o inherente, en realidad todos ellos carecen o son vacíos de este tipo de existencia. Este libro, nuestro cuerpo, nuestros amigos, nosotros mismos y todo el universo solo son, en realidad, apariencias mentales, como los objetos que vemos en sueños. Si soñamos con un elefante, este aparece de forma vívida y con todo detalle –podemos verlo, oírlo, olerlo y tocarlo–; pero cuando nos despertamos, nos damos cuenta de que no era más que una apariencia en nuestra mente. No nos preguntamos dónde está ahora el elefante porque sabemos que solo era una proyección de nuestra mente y no existía fuera de ella. Cuando la percepción onírica que aprehende el elefante cesa, este no se va a ningún lugar, sino que simplemente desaparece porque no era más que una apariencia en la mente y no existía fuera de ella. Buda dijo que lo mismo ocurre con todos los demás fenómenos, no son más que meras apariencias mentales que dependen por completo de las mentes que los perciben.

Tanto el mundo onírico como el del estado de vigilia son meras apariencias en la mente que surgen de nuestras concepciones equívocas. Si afirmamos que el mundo onírico es falso, debemos decir que el de la vigilia también lo es; y si afirmamos que este último es verdadero, tenemos que decir que el onírico también lo es. La única diferencia entre ellos es que el mundo onírico es una apariencia en nuestra mente sutil del sueño, mientras que el de la vigilia es una apariencia en nuestra mente burda del estado de vigilia. El mundo onírico solo existe mientras se manifiestan las mentes del sueño en las que aparece, y el del estado de vigilia, mientras se manifiestan las mentes de este estado. Buda dijo: «Debes saber que todos los fenómenos son como sueños». Cuando morimos, nuestras mentes burdas del estado de vigilia se disuelven en nuestra mente muy sutil y el mundo que percibimos cuando estábamos vivos desaparece. El mundo que perciben los demás continúa, pero el nuestro personal desaparece de forma tan rotunda y definitiva como el mundo del sueño de la noche pasada.

Buda también dijo que todos los fenómenos son como ilusiones. Existen diferentes clases de ilusiones, como los espejismos, los arcoíris o las alucinaciones causadas por las drogas. En el pasado había magos que a partir de un objeto cualquiera, como un trozo de madera, hechizaban a la audiencia haciéndoles ver algo diferente, por ejemplo, un tigre. Los afectados por el hechizo veían un tigre de verdad y sentían miedo, pero aquellos que llegaban después solo veían un trozo de madera. La característica que comparten todas las ilusiones es que lo que parecen ser no se corresponde con lo que son. Buda comparó todos los fenómenos con ilusiones porque, debido al poder de las impresiones de la ignorancia del aferramiento propio que hemos acumulado desde tiempo sin principio, cualquier objeto que aparece en nuestra mente, de manera natural parece existir por su propio lado y de modo instintivo creemos que es una apariencia verdadera, cuando en realidad todo es vacío por completo de existencia verdadera. Al igual que un espejismo parece ser agua, pero en realidad no lo es, todos los fenómenos tienen una apariencia engañosa. Al no entender su verdadera naturaleza, nos dejamos engañar por las apariencias y nos aferramos a los objetos, como libros, mesas, cuerpos y mundos, como si tuvieran existencia verdadera. El resultado de aferrarnos a los fenómenos de este modo es que generamos estimación propia, apego, odio, celos y otras perturbaciones mentales, nuestra mente se altera y desequilibra y perdemos la paz mental. Somos como un viajero en el desierto que persigue espejismos hasta la extenuación o como aquel que al anochecer confunde la sombra de los árboles con criminales o animales salvajes dispuestos a atacarle.

Para comprender que todos los fenómenos son vacíos de existencia verdadera o inherente, debemos analizar nuestro propio cuerpo. Cuando nos hayamos convencido de que nuestro cuerpo carece de existencia verdadera, podremos aplicar con facilidad los mismos razonamientos a los demás fenómenos.

En cierto sentido conocemos bien nuestro cuerpo –sabemos cuándo está sano y cuándo está enfermo, si es atractivo o desagradable, etcétera–. Sin embargo, nunca lo examinamos en profundidad preguntándonos: «¿Qué es en realidad mi cuerpo?, ¿dónde está?, ¿cuál es su verdadera naturaleza?». Si analizamos nuestro cuerpo de este modo, no podremos encontrarlo; en lugar de ello, como resultado de esta búsqueda nuestro cuerpo desaparecerá. Esto demuestra con claridad que nuestro cuerpo carece de existencia verdadera o inherente, y lo mismo ocurre con nuestro yo, nuestro mundo y todos los demás fenómenos.

MEDITACIÓN

Como práctica preparatoria recitamos las *Oraciones para meditar* concentrándonos en su significado. A continuación, recordamos el significado de la exposición anterior y pensamos:

Mi cuerpo carece de existencia verdadera o inherente porque cuando lo busco, desaparece como un espejismo.

Después de contemplar este razonamiento varias veces, cuando comprendamos con claridad que nuestro cuerpo carece de existencia verdadera, habremos encontrado el objeto de meditación, la vacuidad de nuestro cuerpo. Entonces, nos concentramos en ella sin olvidarla; hemos de mantener la vacuidad de un cuerpo con existencia verdadera en nuestra mente de manera convergente durante tanto tiempo como podamos. Si perdemos el objeto de meditación, debemos renovarlo de inmediato recordando la vacuidad de nuestro cuerpo o repitiendo la contemplación.

Al final de la sesión de meditación dedicamos las virtudes que hayamos acumulado con esta práctica para alcanzar la realización de la visión superior y la iluminación para la felicidad de todos los seres sintientes.

Después de adquirir cierta experiencia en la meditación de la vacuidad de nuestro cuerpo, podemos aplicar esta contemplación y meditación a nuestro yo, al mundo y a todos los demás fenómenos. De este modo, meditaremos en la vacuidad de todos los fenómenos y experimentaremos la sensación especial de que todas nuestras apariencias ordinarias diarias se disuelven en el océano de la vacuidad. Gracias a ello, nuestro aferramiento propio y demás perturbaciones mentales disminuirán de manera gradual y nuestra paz interior aumentará sin cesar.

Durante el descanso de la meditación debemos esforzarnos por reconocer que todo lo que aparece en nuestra mente carece de existencia verdadera. Los objetos que percibimos en los sueños parecen reales, pero al despertar nos damos cuenta de que no son más que apariencias mentales, que no existen por su propio lado. Hemos de considerar que todos los fenómenos existen de este modo. Aunque aparecen en nuestra mente con nitidez, carecen de existencia inherente.

Para una descripción detallada de la vacuidad, véase *Cómo transformar tu vida*. Además, en el apéndice 6 se puede encontrar una forma tradicional de contemplar la vacuidad del yo y del cuerpo y de meditar en ella.

Beneficia a los demás
girando la rueda del Dharma

21. CONFIANZA EN EL GUÍA ESPIRITUAL

El objetivo de esta meditación es prepararnos para recibir las poderosas bendiciones de todos los seres iluminados por medio de nuestro Guía Espiritual para tener éxito en la práctica de la meditación. Al igual que los enfermos confían en los médicos para que los ayuden a curar sus enfermedades de manera temporal, nosotros también debemos confiar en un Guía Espiritual cualificado para que nos conduzca hacia la liberación permanente de los sufrimientos de las enfermedades internas y externas.

Si confiamos con fe firme en un Guía Espiritual cualificado, podremos disipar nuestra confusión sobre el Dharma, aumentar nuestra sabiduría de Dharma y recibir poderosas bendiciones de todos los seres iluminados. Buda dice que confiar en el Guía Espiritual es la raíz del camino espiritual y que al hacerlo recibiremos los siguientes beneficios:

1. Él o ella nos guiará por el sendero espiritual, el único modo de solucionar nuestros problemas y de dar verdadero sentido a nuestra vida.
2. Gracias a sus bendiciones nos iremos acercando al logro de la iluminación total.
3. Complaceremos a todos los Budas.
4. Estaremos protegidos de los daños que los humanos y otros seres puedan infligirnos.
5. Nos resultará fácil eliminar las perturbaciones mentales y dejar de cometer acciones perjudiciales.
6. Nuestra experiencia práctica del camino espiritual aumentará.
7. Nunca más volveremos a renacer en los reinos inferiores.
8. En todas nuestras vidas futuras nos encontraremos con Guías Espirituales cualificados.
9. Colmaremos nuestros deseos virtuosos de disponer de condiciones favorables en el samsara y de alcanzar las metas de la liberación y la iluminación.

MEDITACIÓN

Como práctica preparatoria recitamos las *Oraciones para meditar* concentrándonos en su significado. A continuación, realizamos la siguiente meditación:

Después de contemplar repetidas veces los beneficios de confiar en un Guía Espiritual, tomamos la siguiente firme determinación: «Voy a confiar en un Guía Espiritual con sinceridad».

Esta determinación es el objeto de nuestra meditación y nos concentramos en ella sin olvidarla; hemos de mantenerla en nuestra mente de manera convergente durante tanto tiempo como podamos. Si perdemos el objeto de meditación, debemos renovarlo de inmediato recordando la determinación anterior o repitiendo la contemplación.

Al final de la sesión de meditación dedicamos las virtudes que hayamos acumulado con esta práctica para alcanzar la realización de confiar en un Guía Espiritual y la iluminación para la felicidad de todos los seres sintientes.

Durante el descanso de la meditación debemos poner en práctica nuestra determinación. Para una descripción detallada de los requisitos que debe tener un Guía Espiritual y de cómo convertirnos en un discípulo cualificado, véanse *El camino gozoso de buena fortuna* y *Gran tesoro de méritos*.

Esta meditación puede considerarse la primera o la última de las veintiuna meditaciones, y en el presente libro he decidido incluirla al final.

Conclusión

Después de generar el corazón supremo de la bodhichita hemos de adiestrarnos en las prácticas de la generosidad, la disciplina moral, la paciencia, el esfuerzo, la concentración y la sabiduría. Cuando realizamos estas prácticas motivados por la bodhichita, se denominan *seis perfecciones.* Si nos adiestramos en las seis perfecciones y, en particular, en las perfecciones de la concentración y la sabiduría, colmaremos los deseos de nuestra bodhichita.

Apéndice 1

Oración liberadora

ALABANZA A BUDA SHAKYAMUNI

y

Oraciones para meditar

BREVES ORACIONES PREPARATORIAS
PARA LA MEDITACIÓN

Buda Shakyamuni

Oración liberadora

ALABANZA A BUDA SHAKYAMUNI

¡Oh, Ser Bienaventurado, Shakyamuni Buda!,
precioso tesoro de compasión,
que concedes la paz interior suprema.

Tú, que amas a todos los seres sin excepción,
eres la fuente de toda felicidad y bondad,
y nos guías por el camino liberador.

Tu cuerpo es una gema que colma todos los deseos,
tu palabra, el néctar purificador supremo,
y tu mente, el refugio de todos los seres sintientes.

Con las manos juntas en señal de respeto, a ti me dirijo,
amigo supremo y fiel,
y te suplico desde lo más profundo de mi corazón:

Por favor, concédeme la luz de tu sabiduría
para disipar la oscuridad de mi mente
y sanar mi continuo mental.

Aliméntame con tu bondad
para que pueda ofrecer a los demás
un banquete de continuos deleites.

Gracias a tu compasiva intención,
tus bendiciones y obras virtuosas,
y mi sincero deseo de confiar en ti,

que todo el sufrimiento desaparezca de inmediato,
que disfrutemos de alegría y felicidad,
y el Dharma sagrado florezca sin cesar.

Colofón: Esta oración ha sido compuesta por el venerable Gueshe Kelsang Gyatso Rimpoché y traducida bajo su compasiva guía. Se recita antes de comenzar cualquier enseñanza, meditación u oración en los centros de budismo kadampa de todo el mundo.

Oraciones para meditar

Refugio

Yo y todos los seres sintientes nos refugiamos en Buda,
el Dharma y la Sangha
hasta que alcancemos la iluminación. (x3, x7, x100 o más)

Generación de bodhichita

Que por los méritos que acumule con la práctica de la
generosidad y otras perfecciones,
alcance el estado de Buda para poder beneficiar a todos los
seres sintientes. (x3)

Generación de los cuatro deseos inconmensurables

Que todos los seres sean felices,
que todos los seres se liberen del sufrimiento,
que nadie sea desposeído de su felicidad,
que todos los seres logren ecuanimidad, libres de odio
y de apego.

Visualización del campo de méritos

Al igual que la luna llena está circundada de estrellas,
ante mí en el espacio se halla Buda Shakyamuni
rodeado de todos los Budas y Bodhisatvas.

Oración de las siete ramas

Respetuosamente me postro con cuerpo, palabra y mente,
os presento ofrendas materiales e imaginadas,
confieso mis malas acciones del pasado,
y me regocijo de las virtudes de los Seres Superiores y
ordinarios.
Por favor, permaneced junto a nosotros hasta el fin del
samsara,
y girad la Rueda del Dharma a los seres migratorios.
Dedico todas las virtudes para la gran iluminación.

Ofrecimiento del mandala

Os ofrezco esta base con flores y ungida de incienso,
con el Monte Meru, los cuatro continentes, el sol y la luna,
percibida como una tierra pura de Buda.
Que todos los seres puedan disfrutar de una tierra pura.

Aceptad, por favor, los objetos de mi apego, odio e
ignorancia,
mi amigo, enemigo y desconocido, así como mi cuerpo
y posesiones,
que sin sentimiento de pérdida os ofrezco.
Y bendecidme para que me libere de los tres venenos
mentales.

IDAM GURU RATNA MANDALAKAM NIRIATAYAMI

Oración de las etapas del camino

Bendecidme para que comprenda
que generar fe sincera en el bondadoso maestro espiritual,
fuente de toda virtud, es la raíz del camino,
y así le siga siempre con gran devoción.

Bendecidme para que comprenda
que este excelente renacimiento humano dotado de libertad
es muy valioso y difícil de conseguir,
y así dedique el día y la noche a extraer su esencia.

Mi cuerpo es frágil como una burbuja en el agua,
rápidamente decae y se destruye.
Y así como la sombra siempre sigue al cuerpo,
el resultado de mis acciones proseguirá a la muerte.

Con este entendimiento firme en la memoria
bendecidme para que, con extrema cautela,
evite siempre la mínima acción indebida
y acumule virtud en abundancia.

Los placeres del samsara son ilusorios,
no producen satisfacción sino tormentos.
Por ello, bendecidme para que solo me esfuerce
en lograr el gozo sublime de la liberación.

Bendecidme para que, con gran cuidado y atención,
inducido por este pensamiento puro,
mantenga el pratimoksha, la raíz de la doctrina,
como mi práctica esencial.

Al igual que yo, todos los maternales seres
están hundidos en el océano del samsara.
Bendecidme para que me adiestre en la bodhichita
y pueda liberar pronto a todos los seres.

Pero si solo cultivo esta mente
sin aplicarme en las tres moralidades,
no alcanzaré la iluminación.
Por ello, bendecidme para que guarde los votos
del Bodhisatva.

Pacificando mis distracciones
e investigando el significado real,
bendecidme para que logre la unión
de la permanencia apacible y la visión superior.

Bendecidme para que, a través del camino común,
me convierta en un recipiente puro
y entre en el camino de los seres afortunados,
el *vajrayana*, el camino supremo.

Las dos realizaciones dependen
de mis sagrados votos y promesas.
Bendecidme para que lo entienda con claridad,
y siempre los mantenga aunque mi vida peligre.

Realizando a diario las cuatro sesiones
tal como indican los maestros sagrados,
bendecidme para que pronto alcance
las dos etapas del camino del tantra.

Que los Guías que me muestran el buen camino
y las amistades que me ayudan tengan larga vida,
y bendecidme para que pacifique por completo
todos los obstáculos, externos e internos.

Que siempre encuentre maestros perfectos
y disfrute del Dharma sagrado,
y que realizando las etapas del camino
pronto alcance el estado de Vajradhara.

Bendiciones y purificación

De los corazones de todos los seres sagrados fluye un torrente de luz y néctar, que nos bendice y purifica.

Puedes realizar ahora la contemplación y la meditación. Al final de la meditación dedica los méritos con la siguiente oración:

Dedicación

Que gracias a las virtudes que he acumulado
practicando las etapas del camino,
tengan también los demás seres sintientes
la oportunidad de realizar esta práctica.

Que todos los seres sintientes disfruten
de los gozos divinos y humanos,
y pronto alcancen la felicidad última,
cesando toda existencia en el samsara.

Oraciones de la tradición virtuosa

Para que la tradición de Yhe Tsongkhapa,
el Rey del Dharma, pueda florecer,
que todos los obstáculos sean pacificados
y que abunden las condiciones favorables.

Que gracias a las dos acumulaciones, mías y de otros,
reunidas durante los tres tiempos,
pueda la doctrina del Vencedor Losang Dragpa
brillar para siempre.

Oración de nueve versos de *Migtsema*

Tsongkhapa, corona de los eruditos de la Tierra
de las Nieves,
eres Buda Shakyamuni y Vajradhara, fuente de todas
las realizaciones,
Avalokiteshvara, tesoro de compasión inconcebible,
Manyhushri, suprema sabiduría inmaculada,
y Vajrapani, destructor de la multitud de maras.
¡Oh, venerable Guru Buda!, síntesis de las Tres Joyas,
con respeto, con mi cuerpo, palabra y mente, te suplico;
bendícenos a mí y a los demás seres para que nos liberemos
y realicemos,
y concédenos las realizaciones comunes y supremas. (x3)

Colofón: Estas oraciones han sido recopiladas a partir de fuentes tradicionales por el venerable Gueshe Kelsang Gyatso Rimpoché y traducidas bajo su compasiva guía.

Apéndice 2

Comentario a las prácticas preparatorias

Comentario a las prácticas preparatorias

PREPARATIVOS PARA LA MEDITACIÓN

Todos poseemos la capacidad de alcanzar las realizaciones de las veintiuna prácticas de meditación que se presentan en este libro. Este potencial son como semillas en el campo de nuestra mente que debemos cultivar con la práctica de la meditación, pero para que esta produzca los resultados que deseamos, hay ciertos preparativos que son indispensables.

Antes de cultivar un campo es importante prepararlo bien. Primero tenemos que limpiarlo de todo lo que pueda impedir el crecimiento de las plantas, como piedras y malas hierbas. En segundo lugar, debemos enriquecerlo con abono u otros fertilizantes. Además, se necesita una temperatura y humedad adecuadas para que germinen las semillas y madure la cosecha. De igual manera, el cultivo de las realizaciones espirituales requiere cuidadosas preparaciones. Primero hemos de purificar la mente del karma negativo que acumulamos en el pasado o, de lo contrario, no podremos alcanzar realizaciones de Dharma. Después, tenemos que abastecer la mente de la energía necesaria para sostener el crecimiento de las realizaciones de Dharma por medio de la acumulación de méritos. Finalmente, hemos de estimular y mantener este desarrollo espiritual con las bendiciones de los seres sagrados.

Recibir bendiciones es también muy importante. Si plantamos semillas, pero no reciben la temperatura y humedad necesarias, nunca brotarán por mucho que quitemos las malas hierbas y fertilicemos la tierra. El calor y el agua hacen que germinen las semillas, crezcan las plantas y maduren los frutos. Del mismo modo, sin las bendiciones de los seres sagrados nos resultará difícil lograr resultados en nuestra meditación aunque practiquemos la purificación y acumulemos méritos. Las bendiciones transforman nuestra mente, pues hacen que germinen nuestras semillas virtuosas, crezcan nuestras realizaciones de Dharma y maduren los frutos de nuestra práctica espiritual.

De lo dicho podemos deducir que para tener éxito en la práctica de la meditación necesitamos tres preparaciones: purificar las faltas, acumular méritos y recibir bendiciones. Las breves prácticas preparatorias que se presentan a continuación contienen la esencia de estas tres preparaciones.

Limpieza del entorno

Antes de sentarnos a meditar, es importante que el lugar donde vayamos a meditar esté limpio. Si el lugar donde vamos a meditar está limpio, nos ayudará a mantener una mente clara y lúcida. Además, durante las prácticas preparatorias invitaremos a los Budas, Bodhisatvas y demás seres sagrados –el campo de méritos– al lugar donde nos encontramos y, en señal de respeto, debemos tener la habitación limpia y ordenada.

Preparación del altar

Si es posible, debemos preparar un altar con las representaciones del cuerpo, la palabra y la mente de Buda. Para representar su cuerpo, ponemos una estatua o imagen de Buda en el centro del altar. A su derecha, colocamos un texto de Dharma para simbolizar su palabra, y a su izquierda, una *estupa* o imagen de ella para representar su mente iluminada. Al recordar que en estos objetos se encuentra la mente omnisciente de

Buda, hemos de sentir que estamos en su presencia y, con fe, postrarnos ante él y hacerle ofrecimientos.

Si lo deseamos, podemos disponer ofrendas, como varias filas de siete boles de agua, y también otros objetos hermosos, como flores, incienso, velas, miel, pasteles, chocolate, fruta y otros manjares. Para más información sobre cómo preparar un altar y hacer ofrendas, véase *El camino gozoso de buena fortuna*.

La postura de meditación

Cuando hayamos completado los preparativos, podemos comenzar la meditación. Para ello, si es posible, debemos sentarnos en la postura *vajra*, pero si no estamos acostumbrados a ella, podemos hacerlo como nos sea más cómodo. Si nos resulta difícil sentarnos con las piernas cruzadas, podemos hacerlo en una silla. Lo más importante es mantener la espalda recta para que los aires de energía sutiles fluyan con libertad y podamos mantener la mente alerta. Las manos deben descansar sobre el regazo, justo por debajo del ombligo, las palmas hacia arriba, con la mano derecha sobre la izquierda y los dedos pulgares tocándose ligeramente.

Relajación de la mente

Antes de comenzar las prácticas preparatorias, es aconsejable relajar la mente con una meditación en la respiración. Para ello, debemos respirar con naturalidad y concentrarnos en este proceso sin distracciones. Al espirar, imaginamos que expulsamos todas nuestras faltas, obstáculos y distracciones en forma de humo negro, y al aspirar, pensamos que inhalamos las bendiciones de todos los seres sagrados en forma de luz blanca. Repetimos este ejercicio durante unos minutos o hasta que nos relajemos. Si lo preferimos, podemos practicar la meditación en la respiración que se describe en el apéndice 3.

Las restantes prácticas preparatorias se realizan junto con *Oraciones para meditar*. El propósito de recitar estas oraciones es enfocar la mente en cada una de las prácticas preparatorias. A continuación, se ofrece un breve comentario.

Refugio Primero hemos de generar temor a los sufrimientos del samsara en general y, en particular, a renacer en los reinos inferiores. Después, con fe en el poder que las Tres Joyas tienen para liberarnos de estos sufrimientos, nos refugiamos en Buda, el Dharma y la Sangha mientras recitamos la oración correspondiente. La práctica de refugio se presenta con detalle en la cuarta meditación.

Bodhichita Cuando realicemos una sesión de meditación, hay dos cosas importantes que debemos hacer: generar una buena motivación al principio y dedicar los méritos al final. Debemos comenzar generando la motivación de bodhichita, el deseo de alcanzar la Budeidad por el beneficio de todos los seres sintientes, al mismo tiempo que recitamos la oración correspondiente. A medida que practiquemos las veintiuna meditaciones, nos iremos familiarizando con las prácticas de refugio y bodhichita.

Los cuatro inconmensurables Hay cuatro estados mentales especiales que nos ayudan a mejorar nuestra mente de bodhichita: el amor inconmensurable –el deseo de que todos los seres sean felices–, la compasión inconmensurable –el deseo de que todos los seres se liberen del sufrimiento–, el gozo inconmensurable –el deseo de que todos los seres alcancen el gozo imperecedero de la liberación– y la ecuanimidad inconmensurable –el deseo de que todos los seres se liberen de mentes desequilibradas, como el odio y el apego–. Se denominan *inconmensurables* porque abarcan a todos los seres sintientes, que son innumerables.

Visualización del campo de méritos El campo para acumular méritos es la asamblea de Budas, Bodhisatvas y demás seres sagrados en los que nos refugiamos, ante quienes nos postramos y a los que hacemos ofrendas y confesamos nuestras faltas. Imaginamos que en el espacio ante nosotros se encuentran todos los seres sagrados, con Buda Shakyamuni, el objeto principal de nuestra visualización, en el centro, rodeado de todos los demás, al igual que la luna llena está circundada de estrellas. Esta asamblea se denomina *campo de méritos* porque al ofrecerle la oración de las siete ramas y el mandala, acumulamos méritos. Al principio, no es necesario percibir esta asamblea con claridad, basta con creer que estamos en su presencia.

Oración de las siete ramas Las siete ramas son métodos para purificar faltas y acumular méritos. Las siete ramas son: postraciones, ofrendas, confesión, regocijo en la virtud, ruego a los Budas y Guías Espirituales para que permanezcan con nosotros, súplica a los Budas y Guías Espirituales para que giren la Rueda del Dharma y dedicación. También se denominan *miembros* porque, al igual que el cuerpo se apoya en sus extremidades, el cuerpo principal de nuestro adiestramiento, la meditación, se mantiene con estas siete prácticas. Las postraciones, las ofrendas, el regocijo en la virtud, el ruego a los Budas y Guías Espirituales para que permanezcan con nosotros y la súplica para que giren la Rueda del Dharma, son prácticas con las que acumulamos méritos; con la confesión, purificamos nuestras faltas, y con la dedicación de los méritos, impedimos que el odio u otras mentes dañinas los destruyan.

Postrarse es mostrar respeto. Podemos hacerlo físicamente, inclinando el cuerpo o juntando las manos a la altura del corazón, verbalmente, recitando versos de alabanza, o mentalmente, generando fe en los seres sagrados. Lo mejor es hacer los tres tipos de postración al mismo tiempo. Esta práctica también sirve para reducir el orgullo y otras intensas perturbaciones mentales.

Como se mencionó con anterioridad, podemos hacer ofrendas colocando siete o más boles de agua delante del altar, u ofreciendo objetos hermosos, como flores, incienso y fruta. También podemos ofrecer con la imaginación hermosos palacios, jardines, piscinas con agua perfumada e incluso universos enteros en su naturaleza más pura. En realidad, los Budas y Bodhisatvas no necesitan nuestras ofrendas, pero esta práctica produce un efecto muy beneficioso en nuestra mente, y con ella acumulamos gran cantidad de méritos o buena fortuna y eliminamos la avaricia.

La confesión es el método para purificar las acciones perjudiciales que cometimos en el pasado. Si contemplamos el Dharma y meditamos en él con sinceridad, comprenderemos que en el pasado hemos cometido todo tipo de acciones perjudiciales, sentiremos temor a experimentar sus terribles consecuencias y generaremos un intenso deseo de purificarlas. Para purificar nuestras malas acciones, primero hemos de reconocer sus faltas y arrepentirnos de haberlas cometido. El arrepentimiento no es lo mismo que el sentimiento de culpabilidad, sino el intenso deseo de purificar la mente del karma negativo que hemos acumulado al cometer acciones perjudiciales. Confesamos estas acciones ante los Budas y Bodhisatvas con profundo arrepentimiento, y de esta manera recibimos sus bendiciones purificadoras. Cualquier acción que realicemos con arrepentimiento y fe, se convertirá en un acto de purificación. Si comenzamos cada sesión de meditación con la confesión sincera de nuestras malas acciones, servirá como método para purificarlas, pero para que la purificación sea completa, debemos prometer no volverlas a cometer. No tendría sentido confesar nuestras acciones perjudiciales si no tuviéramos la intención de abandonarlas.

El regocijo en la virtud consiste en apreciar nuestras acciones virtuosas y las de los demás, y alegrarnos de ellas. De este modo incrementamos nuestras tendencias virtuosas y eliminamos los celos y las disputas. Es una de las maneras más fáciles de acumular méritos, ya que podemos regocijarnos de las cualidades y acciones virtuosas de los demás en cualquier momento, incluso mientras descansamos.

Al rogar a nuestro Guía Espiritual y a otros seres sagrados que permanezcan con nosotros, nos guíen y bendigan, establecemos un estrecho vínculo con nuestro Guía Espiritual que mantendremos tanto en esta vida como en las futuras.

Cuando suplicamos a los Budas y Guías Espirituales que giren la rueda del Dharma, es decir, que impartan sus enseñanzas, creamos la causa para que el Dharma continúe en este mundo y para volver a encontrarlo en vidas futuras.

Como ya se ha mencionado, la dedicación es muy importante porque con ella dirigimos los méritos acumulados con la práctica de la meditación hacia el logro de la iluminación total, impidiendo que sean destruidos por el odio, las creencias erróneas u otras mentes perjudiciales. Para dedicar los méritos, hemos de desear que se conviertan en causas para alcanzar la iluminación y poder de este modo beneficiar a todos los seres sintientes.

Aquellos que deseen practicar las siete ramas de manera más elaborada pueden encontrar un detallado comentario en *El camino gozoso de buena fortuna* y en los capítulos segundo y tercero de *Tesoro de contemplación*.

Ofrecimiento del mandala El ofrecimiento del mandala es un modo de entregar mentalmente todo el universo. Imaginamos que el universo se transforma en una tierra pura de Buda, y lo ofrecemos al campo de méritos con el deseo de que todos los seres renazcan pronto en uno de estos lugares. Para ofrecer el mandala, imaginamos que sostenemos entre las manos una gran base circular dorada, sobre la cual, en el centro, se encuentra el Monte Meru rodeado de los cuatro continentes universales y, por encima, el sol y la luna. En el mandala podemos incluir cualquier objeto puro y bello. Al recitar la segunda estrofa del ofrecimiento del mandala, entregamos todos los objetos que nos causan perturbaciones mentales. Pensamos en todos los seres y objetos hacia los que generamos apego, odio e ignorancia, imaginamos que se transforman en seres y objetos puros, y los ofrecemos a las Tres Joyas. Al transformar y ofrecer los objetos de nuestros tres venenos mentales –apego, odio e ignorancia–, eliminamos las bases para generar estos engaños. Para más información sobre el ofrecimiento del mandala, véanse *El camino gozoso de buena fortuna, Gran tesoro de méritos* y *Nueva guía del Paraíso de las Dakinis.*

Oración de las etapas del camino Después de purificar las faltas y acumular méritos con la recitación de la oración de las siete ramas y el ofrecimiento del mandala, rogamos a los seres sagrados que nos concedan sus bendiciones para alcanzar las realizaciones de las etapas del camino. Para ello, recitamos la *Oración de las etapas del camino* contemplando sin distracciones su significado.

Bendiciones y purificación Después de haber realizado esta súplica con la recitación de la *Oración de las etapas del camino,* imaginamos que Buda Shakyamuni y los demás Budas y Bodhisatvas quedan complacidos. Entonces, Buda nos sonríe con amor como lo haría un padre a su hijo querido e irradia de su corazón rayos de luz y néctar que entran por nuestra coronilla y llenan nuestro cuerpo por completo. Estos rayos eliminan los obstáculos que nos impiden alcanzar las realizaciones de la meditación que vamos a practicar, aclaran nuestra mente y la dotan de virtud y poder. No debemos albergar dudas de que esto ocurre en realidad.

Contemplación y meditación Después de purificar la mente, acumular méritos y recibir bendiciones, estamos preparados para comenzar la contemplación y meditación según las instrucciones correspondientes.

Si durante la meditación nos sentimos pesados o adormecidos, o encontramos otro tipo de dificultades, es mejor que dejemos de meditar durante un rato y recitemos algunas oraciones a los seres sagrados ante nosotros. A continuación, pensamos que las han escuchado y nos envían poderosos rayos de luz y néctar que entran en nuestro cuerpo y eliminan de inmediato todos los obstáculos. Después, reanudamos la meditación.

Estas preparaciones son muy importantes para obtener resultados en la meditación. Si deseamos hacerlas de manera elaborada, podemos recitar las oraciones más extensas tituladas *Esencia de buena fortuna*, que pueden encontrarse en los libros *Compasión universal* y *El camino gozoso de buena fortuna*. Si lo deseamos, también podemos recitar la oración de refugio cientos de veces, acumular méritos ofreciendo mandalas o concentrarnos en la práctica de purificación postrándonos ante los treinta y cinco Budas de la Confesión como se describe en *El voto del Bodhisatva*. En ocasiones, podemos dedicar toda la sesión de meditación a realizar una de estas prácticas preparatorias.

Dedicación Al final de la sesión, imaginamos que todos los seres sagrados se disuelven en luz y entran en nuestro cuerpo a través de la coronilla. Sentimos que nuestro cuerpo, palabra y mente se funden con el cuerpo, palabra y mente de todos los Budas. A continuación, dedicamos los méritos acumulados con la práctica de las preparaciones, la contemplación y la meditación, para la felicidad de todos los seres mientras recitamos las oraciones correspondientes.

No es suficiente con realizar las prácticas preparatorias como si fueran una mera recitación verbal o algo que hacemos solo durante la sesión de meditación. Las prácticas de las postraciones, las ofrendas, en particular el ofrecimiento del mandala, la confesión de las faltas, el regocijo en la virtud, el ruego a los seres sagrados para que permanezcan con nosotros, las súplicas para que impartan enseñanzas de Dharma y la dedicación de méritos, deben integrarse en cada momento de nuestra vida diaria. De este modo, nuestra buena fortuna aumentará sin cesar, nuestra mente será cada vez más clara y pura, y nuestras actividades espirituales serán más poderosas y eficaces.

Apéndice 3

Meditación especial en la respiración

OM

Símbolo del cuerpo
de todos los Budas

Meditación especial en la respiración

Por lo general, el propósito de meditar en la respiración es calmar la mente, y suele practicarse al comienzo de meditaciones como las veintiuna que se muestran en el presente libro, para reducir las distracciones. Un ejercicio sencillo de respiración como el que se describe en las páginas 8-10 nos ayudará a lograr este objetivo, pero la meditación que se expone a continuación desempeña muchas otras funciones: nos ayuda a mejorar nuestra motivación, a cultivar un buen corazón, a controlar nuestra mente y a aumentar nuestro esfuerzo por practicar el Dharma. Además, es un método especial para que germinen nuestras semillas de Buda y nos prepara para el adiestramiento en el tantra del yoga supremo.

En esta meditación se combina el proceso de la respiración con la recitación del mantra OM AH HUM, denominado *mantra de todos los Budas*. Existen diferentes clases de mantras, pero todos ellos están contenidos en estas tres sílabas. Todos los Budas están incluidos en tres grupos: el cuerpo vajra, la palabra vajra y la mente vajra. El mantra del cuerpo vajra es OM, el de la palabra vajra, AH, y el de la mente vajra, HUM. Por lo tanto, si recitamos estas tres sílabas con fe, recibiremos las bendiciones del cuerpo, palabra y mente de todos los Budas.

Un Buda es una persona totalmente realizada, un ser que se ha liberado de todas sus faltas y limitaciones, y que ha desarrollado por completo sus buenas cualidades. Así pues, el cuerpo, la palabra y la mente de un Buda poseen cualidades

AH

Símbolo de la palabra
de todos los Budas

especiales que los seres ordinarios no tienen. Cuando recitamos este mantra, debemos hacerlo con fe sincera y generar el deseo de lograr estas cualidades.

Ni siquiera las personas que disfrutan de una posición social elevada, como los grandes monarcas, tienen más de un cuerpo, pero los Budas poseen innumerables. El verdadero cuerpo de un Buda es su mente omnisciente y se denomina *Cuerpo de la Verdad*. Puesto que solo los seres iluminados pueden verlo, a partir de este estado emanan un Cuerpo de la Forma sutil llamado *Cuerpo de Deleite*. Este cuerpo es muy sutil y solo los Bodhisatvas Superiores, es decir, aquellos que poseen una experiencia directa de la verdad última, pueden percibirlo. Para poder comunicarse con los seres ordinarios de forma directa, los Budas manifiestan innumerables Cuerpos burdos de la Forma denominados *Cuerpos de Emanación*. Estos pueden ser de dos clases: *Cuerpos Supremos de Emanación* y *Cuerpos ordinarios de Emanación*, que aparecen como seres ordinarios. Solo aquellos con buen karma y una mente pura pueden percibir los Cuerpos Supremos de Emanación, mientras que cualquiera puede ver los Cuerpos ordinarios de Emanación. Según el budismo mahayana, las emanaciones de los Budas se manifiestan por doquier, pero los seres ordinarios no las suelen reconocer porque sus mentes son impuras y lo perciben todo, incluso estas emanaciones, de manera ordinaria.

La palabra de los Budas posee también cualidades muy especiales. La palabra de los seres ordinarios no tiene muchas virtudes, pero la de un Buda posee la capacidad de ayudar a todos los seres sintientes. Todos deseamos ser felices y liberarnos del sufrimiento, y los Budas nos muestran con sus enseñanzas la manera de conseguirlo. Aunque buscamos sin cesar la felicidad, nunca la encontramos. Buda explica que esto nos ocurre porque estamos atrapados en el samsara. La verdadera felicidad solo puede encontrarse fuera del samsara. Si queremos alcanzar esta felicidad, tenemos que escapar del samsara siguiendo los caminos espirituales que Buda nos

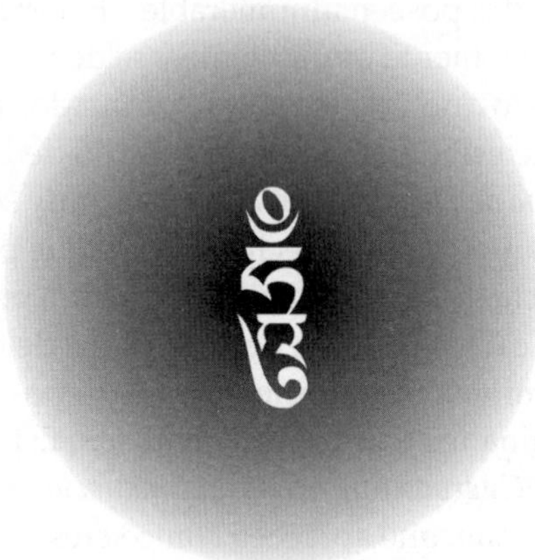

HUM

Símbolo de la mente
de todos los Budas

ha enseñado. De este modo, lograremos la cesación permanente del sufrimiento y la paz y felicidad imperecederas. Por lo tanto, la palabra de Buda es la llave que abre la puerta de la prisión del samsara y colma nuestro deseo de alcanzar la felicidad última.

La mente de un Buda también posee numerosas cualidades especiales. Está libre por completo de la ignorancia y de sus impresiones, como un cielo sin nubes. Puesto que sus mentes carecen de obstrucciones, los Budas conocen todos los fenómenos del pasado, presente y futuro de manera directa y simultánea. La mente de un Buda es la meta suprema del desarrollo espiritual.

Todos poseemos las semillas del cuerpo, palabra y mente de un Buda, y si practicamos los caminos espirituales correctos, podemos hacerlas germinar y conseguir las cualidades especiales de los seres sagrados. Si incrementamos nuestras mentes de compasión, amor y, en particular, la preciosa mente de bodhichita, nos convertiremos en un Bodhisatva y finalmente en un Buda. En el budismo mahayana, la confianza en Buda no solo consiste en pedirle ayuda, sino en esforzarnos por alcanzar nosotros mismos la iluminación para poder beneficiar a los demás. Por lo tanto, debemos intentar reducir de manera gradual nuestras acciones físicas, verbales y mentales perjudiciales, y cultivar buenas cualidades. De este modo, nos iremos acercando a la Budeidad y finalmente nos convertiremos en un ser iluminado. Miles de practicantes mahayanas han alcanzado la iluminación de esta manera.

Después de contemplar estos razonamientos, debemos pensar:

¡Qué maravilloso sería si me convirtiese en un Buda y desarrollara las buenas cualidades de su cuerpo, palabra y mente! De momento, no tengo capacidad para ayudar a los demás, pero si alcanzo la iluminación, podré beneficiar a todos los seres. Por lo tanto, voy a esforzarme por alcanzar el estado de un Buda.

Esta resolución es la preciosa mente de bodhichita. Con esta motivación, recitamos el mantra OM AH HUM recordando su significado. Al principio, para familiarizarnos con el mantra, lo recitamos verbalmente, y luego lo combinamos con la respiración.

Para realizar esta meditación, aspiramos con naturalidad a través de los orificios nasales. Al aspirar, recitamos mentalmente la sílaba *OM*, luego contenemos la respiración en el corazón y recitamos mentalmente *AH*, y por último espiramos con suavidad a través de los orificios nasales mientras recitamos *HUM*. Repetimos este ciclo tantas veces como deseemos, recordando con fe el significado del mantra. En esta práctica, el «corazón» no se refiere al órgano físico, sino al corazón espiritual [*chakra* o foco de energía] ubicado en el centro del tórax. Al principio, no podremos contener la respiración durante mucho tiempo, pero a medida que nos acostumbremos, podremos hacerlo con comodidad durante períodos de tiempo cada vez más largos.

Esta meditación produce excelentes resultados. Con ella podemos calmar nuestra mente y disipar las distracciones. También fortalecemos el aire interno que sostiene la vida, que se encuentra en el corazón, con lo cual incrementamos nuestra longevidad y evitamos una muerte prematura. Puesto que la motivación al realizar esta meditación es alcanzar las cualidades del cuerpo, palabra y mente de un Buda, al mismo tiempo estamos adiestrándonos en la bodhichita, acumulando méritos y recibiendo bendiciones de los Budas. De este modo hacemos germinar nuestras semillas de Buda y nos preparamos para las meditaciones del tantra del yoga supremo, de manera que en el futuro nos resulte más fácil alcanzar las realizaciones de la etapa de consumación. Por lo tanto, esta meditación en la respiración es mucho más poderosa que otras.

Durante el descanso de la meditación recogeremos también los frutos de esta práctica. Si realizamos esta meditación con regularidad, comprobaremos que nuestra mente es cada vez más virtuosa y la podemos controlar mejor. Nuestra mente será como un caballo bien domado que obedece a su jinete. Cuando deseemos meditar, podremos concentrar la mente en el objeto que elijamos sin distracciones, y si decidimos hacer postraciones, la pereza no nos lo impedirá y no lo pospondremos. A medida que controlemos nuestra mente nos resultará más fácil abstenernos de cometer acciones físicas, verbales y mentales perjudiciales, y cultivar la virtud. Disfrutaremos de paz y felicidad, día y noche, vida tras vida, y podremos compartir los beneficios de nuestra experiencia con los demás. Este es el verdadero significado del modo de vida budista.

Ahora que conocemos los innumerables beneficios de esta meditación tan especial en la respiración, debemos intentar practicarla tanto como podamos.

Apéndice 4

Programa para un retiro

Programa para un retiro

Para hacer un retiro sobre las veintiuna meditaciones es aconsejable que su duración sea, por lo menos, de una semana. Si es posible, lo mejor es hacer cuatro sesiones al día. Debemos hacer la primera sesión por la mañana temprano, la segunda antes de comer, la tercera después de comer y la cuarta por la tarde. Las sesiones pueden durar de media hora a dos horas. Comenzamos cada sesión con las prácticas preparatorias y luego realizamos las contemplaciones y meditaciones según el orden que se muestra a continuación. Al final de cada sesión, debemos dedicar los méritos por el beneficio de todos los seres sintientes, y entre sesiones hemos de realizar la práctica subsiguiente recordando las instrucciones en todo momento. Si el retiro dura más de una semana, podemos repetir el mismo ciclo cada siete días. De esta manera, cada semana realizaremos las veintiuna meditaciones, desde nuestra preciosa existencia humana hasta la confianza en el Guía Espiritual.

PRIMER DÍA

Sesión 1	Meditación 1 – La preciosa existencia humana.
Sesión 2	Meditación 2 – Muerte e impermanencia.
Sesión 3	Meditación 3 y 4 – El peligro de renacer en los reinos inferiores y la práctica de refugio.
Sesión 4	Meditación 5 – Las acciones y sus efectos.

SEGUNDO DÍA

Sesión 1 Meditación 6 – Generación de renuncia mediante las cuatro primeras contemplaciones: el nacimiento, la vejez, las enfermedades y la muerte.

Sesión 2 Meditación 6 – Generación de renuncia mediante las restantes tres contemplaciones.

Sesión 3 Meditación 6 – Generación de renuncia mediante las siete contemplaciones.

Sesión 4 Meditación 6 – Generación de renuncia mediante las siete contemplaciones.

TERCER DÍA

Sesión 1 Meditación 7 – Ecuanimidad.

Sesión 2 Meditación 8 – Reconocimiento de que todos los seres son nuestras madres.

Sesión 3 Meditación 9 – Aprecio de la bondad de todos los seres.

Sesión 4 Meditación 10 – Igualarse uno mismo con los demás.

CUARTO DÍA

Sesión 1 Meditación 11 – Desventajas de la estimación propia.

Sesión 2 Meditación 12 – Ventajas de estimar a los demás.

Sesión 3 Meditación 13 – Cambiarse uno mismo por los demás.

Sesión 4 Meditación 14 – La gran compasión.

QUINTO DÍA

Sesión 1	Meditación 15 – La práctica de tomar.
Sesión 2	Meditación 16 – El amor que desea la felicidad de los demás.
Sesión 3	Meditación 17 – La práctica de dar.
Sesión 4	Meditación 18 – Bodhichita.

SEXTO DÍA

Las cuatro sesiones	Meditación 19 – La permanencia apacible utilizando la bodhichita u otro objeto de meditación.

SÉPTIMO DÍA

Sesión 1	Meditación 20 – La visión superior, meditación sobre la vacuidad.
Sesión 2	Meditación 20 – La visión superior, meditación sobre la vacuidad.
Sesión 3	Meditación 20 – La visión superior, meditación sobre la vacuidad.
Sesión 4	Meditación 21 – Confianza en el Guía Espiritual.

Apéndice 5

Los compromisos del refugio

Los compromisos del refugio

Cuando nos refugiamos en las Tres Joyas, nos comprometemos a guardar doce compromisos especiales. La manera de proteger y fortalecer de manera gradual nuestra práctica de refugio es guardarlos con sinceridad. Estos compromisos constituyen el fundamento de todas las realizaciones de las etapas del camino. Por lo tanto, no debemos considerarlos como una carga, sino mantenerlos con sinceridad y alegría.

De los doce compromisos, seis son específicos y seis generales. Los específicos se denominan de esta forma porque están relacionados con cada una de las Tres Joyas en particular: dos compromisos se relacionan con Buda, dos con el Dharma y dos con la Sangha. En cada caso, uno de los compromisos tiene como finalidad abandonar un cierto tipo de acciones, y el otro, realizar otras. Los restantes seis compromisos son aplicables a las Tres Joyas. Veamos a continuación un breve comentario de estos doce compromisos.

LOS DOS COMPROMISOS ESPECÍFICOS DE BUDA

1. No refugiarse en maestros que contradigan las enseñanzas de Buda o en dioses del samsara. Al refugiarnos en Buda, nos comprometemos a no buscar refugio último en maestros que contradigan la doctrina de Buda o en dioses mundanos. Esto no significa que no podamos recibir ayuda de estos seres, sino que no debemos confiar en ellos con la intención de recibir protección última contra nuestro sufrimiento.

2. Considerar cualquier imagen de Buda como un verdadero Buda. Al refugiarnos en Buda, nos comprometemos a considerar todas las estatuas de Buda como verdaderos seres iluminados. Cada vez que veamos una estatua de Buda, debemos pensar que es un Buda real sin tener en cuenta el material de que esté hecha, ya sea barro u oro. Sin tener en cuenta sus cualidades como objeto de arte, debemos rendirle homenaje haciendo postraciones y ofrecimientos, y refugiándonos en él. Si practicamos de este modo, acumularemos innumerables méritos.

LOS DOS COMPROMISOS ESPECÍFICOS DEL DHARMA

3. No perjudicar a los demás. Al refugiarnos en el Dharma, nos comprometemos a no dañar a ningún ser. En lugar de tratar mal a los demás, debemos procurar beneficiarlos con la mejor motivación siempre que podamos. Primero, hemos de concentrarnos en reducir nuestros malos pensamientos contra los seres más cercanos a nosotros, como nuestros amigos y familiares, y cultivar en su lugar buenas intenciones. Cuando hayamos generado un sentimiento de afecto hacia ellos, podemos extender de manera gradual el ámbito de nuestra práctica e ir abarcando a un mayor número de seres, hasta que finalmente los incluyamos a todos. Si podemos abandonar pensamientos perjudiciales en relación con los demás y tener siempre buenas intenciones, cultivaremos con facilidad las mentes de amor universal y gran compasión. De este modo, nuestra práctica de refugio servirá desde el principio como método para fortalecer nuestra compasión, la esencia del Budadharma.

4. Considerar todas las escrituras de Dharma como una verdadera Joya del Dharma. Al refugiarnos en el Dharma, nos comprometemos a considerar todos sus textos como si fueran la verdadera Joya del Dharma. El Dharma es la fuente de toda felicidad. Puesto que no podemos percibir de manera directa las verdaderas Joyas del Dharma, hemos de considerar los textos sagrados como si lo fueran. Las auténticas Joyas del Dharma se alcanzan como resultado de aprender el significado de las escrituras, contemplarlo y meditar en él. Hemos de respetar cada palabra y letra de las escrituras y de las enseñanzas de Buda y, en consecuencia, tratar los libros sagrados con sumo cuidado y respeto, evitando pisarlos o colocarlos en el suelo, en otros lugares inadecuados o donde puedan estropearse. Cuando descuidamos o maltratamos estos libros, creamos la causa para ser aún más ignorantes de lo que somos, puesto que esta acción es similar a abandonar el Dharma. En cierta ocasión, el gran maestro tibetano Gueshe Sharaua vio a unas personas jugando con libros de Dharma y les amonestó: «¿Por qué hacéis esto? Si ya sois bastante ignorantes, ¿queréis serlo aún más?».

LOS DOS COMPROMISOS ESPECÍFICOS DE LA SANGHA

5. No dejarse influir por personas que rechazan las enseñanzas de Buda. Al refugiarnos en la Sangha, nos comprometemos a no dejarnos influir por personas que rechazan las enseñanzas de Buda. Esto no significa que tengamos que dejar de relacionarnos con ellas, sino que no debemos dejarnos influir por sus creencias y su forma de actuar. Al mismo tiempo que mantenemos una actitud de amor y consideración hacia estas personas, hemos de estar alerta y no dejarnos llevar por sus malos hábitos y consejos.

6. Considerar a los que visten los hábitos de ordenación monástica como si fueran una verdadera Joya de la Sangha. Al refugiarnos en la Sangha, aceptamos el compromiso de reconocer a toda persona que vista los hábitos de ordenación monástica como una verdadera Joya de la Sangha. Aunque algunos monjes y monjas sean pobres, debemos presentarles nuestros respetos porque están manteniendo disciplina moral y esto es algo poco frecuente y muy valioso.

LOS SEIS COMPROMISOS GENERALES

7. Refugiarse en las Tres Joyas una y otra vez recordando sus excelentes cualidades y las diferencias entre ellas. El Dharma es el barco con el que cruzamos el océano del samsara, Buda es el navegante que lo dirige con destreza, y la Sangha, su tripulación. Teniendo esto en cuenta, hemos de refugiarnos una y otra vez en las Tres Joyas Supremas.

8. Ofrecer a las Tres Joyas la primera porción de nuestros alimentos mientras recordamos su benevolencia. Puesto que tenemos que comer y beber varias veces al día, si cada vez que lo hacemos ofrecemos la primera porción a las Tres Joyas recordando su benevolencia, incrementaremos considerablemente nuestros méritos. Podemos hacerlo con la siguiente oración:

«A ti, Buda Shakyamuni, elevo esta ofrenda,
tu mente es la síntesis de todas las Joyas del Buda,
tu palabra es la síntesis de todas las Joyas del Dharma,
tu cuerpo es la síntesis de todas las Joyas de la Sangha.
¡Oh, Ser Bienaventurado!, acepta esta ofrenda y
bendice mi mente».

OM AH HUM (x3)

Es importante recordar en todo momento la bondad de Buda. Toda nuestra felicidad proviene de su bondad porque las acciones de los Budas están llenas de amor y compasión, y gracias a ellas podemos realizar acciones virtuosas que son la causa de nuestra felicidad futura.

Sin la benevolencia de Buda no conoceríamos cuáles son las verdaderas causas de la felicidad ni las del sufrimiento. Buda nos ha enseñado a reconocer que tanto el sufrimiento como la felicidad dependen de nuestra mente. Nos ha mostrado cómo abandonar los estados mentales que causan dolor y cómo cultivar los que producen satisfacción. En otras palabras, nos ha ofrecido los métodos perfectos para superar el sufrimiento y alcanzar la felicidad. Solo Buda nos los ha enseñado. ¡Qué infinita es su bondad!

Nuestra actual forma humana es un ejemplo de su benevolencia. Gracias a las enseñanzas de Buda y a sus bendiciones, en el pasado creamos las causas para renacer como un ser humano con todos los dones y libertades necesarios para la práctica de Dharma. Si ahora hemos encontrado un Guía Espiritual y podemos aprender el Dharma, se debe solo a las acciones bondadosas de Buda. Gracias a que giró la rueda del Dharma en este mundo y nos enseñó con su ejemplo, ahora disponemos de la gran oportunidad de practicar los métodos para lograr realizaciones espirituales y alcanzar la gran iluminación. Incluso la escasa sabiduría que poseemos para distinguir lo beneficioso de lo perjudicial, y que nos permite apreciar el valor de las enseñanzas de Buda, es también fruto de su infinita bondad.

No debemos pensar que Buda ayuda solo a sus seguidores, puesto que alcanzó la iluminación para beneficiar a todos los seres sintientes. Se manifiesta bajo diferentes formas, incluso como maestros no budistas, con el único fin de beneficiar a los demás. No hay ni un solo ser que no se haya beneficiado de su bondad.

9. Con compasión, animar siempre a los demás a que se refugien en las Tres Joyas. Debemos animar a los demás con tacto y delicadeza a que se refugien en las Tres Joyas. Si conocemos a alguien que esté interesado en el Dharma, hemos de ayudarle a crear las causas de refugio: temor al sufrimiento y fe en las Tres Joyas. Podemos hablarle de la impermanencia, de cómo cambian las circunstancias de la vida y cómo degenera el cuerpo, y de los sufrimientos asociados con las enfermedades, la vejez y la muerte. Podemos explicarle lo que ocurre después de la muerte, los diferentes reinos en que podemos renacer y los tremendos sufrimientos que se padecen en ellos. Si introducimos estos conceptos con cuidado en nuestra conversación, nuestro amigo irá perdiendo su actitud complaciente ante la vida y, cuando se sienta incómodo, generará de forma natural el deseo de encontrar alguna solución. Luego podemos explicarle quién es Buda, qué es el Dharma y quiénes son la Sangha, y por qué tienen poder para ayudarnos. Después, podemos enseñarle la manera de refugiarse en las Tres Joyas.

Si ayudamos a alguien con habilidad, humildad y paciencia, le estamos beneficiando de verdad. La ayuda material no siempre es beneficiosa porque en ocasiones produce más sufrimiento. El mejor modo de ayudar a una persona es conducirla por el camino del Dharma. Si no somos capaces de exponer los temas más profundos de las enseñanzas, al menos podemos consolar al que está triste, darle buenos consejos y ayudarle a resolver sus problemas por medio del Dharma.

10. Refugiarse en las Tres Joyas al menos tres veces durante el día y tres veces durante la noche recordando los beneficios que esto conlleva. Para no olvidar nunca a las Tres Joyas, debemos refugiarnos en ellas cada cuatro horas o, al menos, tres veces durante el día y tres veces durante la noche. Si nunca olvidamos a las Tres Joyas y contemplamos con frecuencia los beneficios de la práctica de refugio, alcanzaremos con rapidez las realizaciones espirituales del camino. Con esta práctica deberíamos ser como el hombre de negocios que no olvida sus planes financieros ni siquiera cuando descansa.

11. Realizar cada acción con total confianza en las Tres Joyas. Si confiamos en las Tres Joyas al efectuar cualquier acción, todo lo que hagamos será beneficioso. No tenemos que buscar la inspiración y bendiciones de dioses mundanos, sino intentar, con ofrendas y súplicas, recibirlas de Buda, del Dharma y de la Sangha.

12. No abandonar a las Tres Joyas aunque la propia vida peligre, ni siquiera en broma. Nunca debemos abandonar a las Tres Joyas porque el refugio en ellas es el fundamento de todas las demás realizaciones de Dharma. En cierta ocasión, un budista en cautividad fue amenazado de muerte si no abandonaba su refugio en Buda. El practicante se negó a hacerlo y, como consecuencia, perdió la vida. A pesar de este infortunio, los clarividentes atestiguaron que había renacido en el reino de los dioses.

Apéndice 6

Meditación tradicional sobre la vacuidad

Meditación tradicional sobre la vacuidad

PRIMERA CONTEMPLACIÓN

La vacuidad del yo

Identificación del objeto de negación

Aunque nos aferramos en todo momento al yo con existencia inherente, incluso cuando dormimos, no es fácil reconocer cómo aparece en nuestra mente. Para identificarlo con claridad, comenzamos dejando que se manifieste con intensidad, contemplando situaciones en las que tenemos un sentido exagerado del yo, como cuando nos sentimos abochornados, avergonzados, atemorizados o indignados. Recordamos o imaginamos una situación así sin analizarla ni juzgarla, e intentamos percibir con claridad la imagen mental del yo que aparece de manera espontánea y natural en tales circunstancias. Hemos de tener paciencia porque es posible que necesitemos muchas sesiones de meditación antes de conseguir percibirla con claridad. Llegará un momento en que nos daremos cuenta de que el yo parece ser algo concreto y real, que existe por su propio lado sin depender del cuerpo ni de la mente. Este yo que aparece tan vívido es el yo con existencia inherente al que tanto estimamos. Es el yo que defendemos cuando nos critican y del cual nos enorgullecemos cuando nos alaban.

Cuando tengamos una imagen mental del yo tal y como surge en estas situaciones extremas, intentamos identificar cómo se manifiesta normalmente, en situaciones menos intensas. Por ejemplo, podemos observar el yo que ahora está meditando e intentar descubrir cómo aparece en la mente. Finalmente comprobaremos que aunque en este caso no sentimos el yo de manera tan intensa, aún lo percibimos como si existiera de forma inherente, por su propio lado y sin depender del cuerpo ni de la mente. Cuando tengamos la imagen de este yo con existencia inherente, nos concentramos en él de manera convergente durante un tiempo. A continuación, seguimos con la siguiente etapa de la meditación, que consiste en contemplar razonamientos válidos que demuestren que el yo con existencia inherente al que nos estamos aferrando, en realidad, no existe. El yo con existencia inherente y el yo que normalmente percibimos es el mismo; hemos de saber que ninguno de los dos existe, y ambos son el objeto que la vacuidad niega.

Refutación del objeto de negación

Si el yo existe tal y como lo percibimos, ha de hacerlo de una de estas cuatro formas: debe ser el cuerpo o la mente o el conjunto del cuerpo y la mente o algo separado de estos dos; no cabe ninguna otra posibilidad. Reflexionamos sobre ello con detenimiento hasta que nos hayamos convencido de que es así. Entonces, examinamos cada una de las cuatro posibilidades:

1) Si el yo fuera el cuerpo, no tendría sentido decir: «Mi cuerpo» porque el poseedor y lo poseído serían lo mismo.

   Si el yo fuera el cuerpo, no habría renacimientos futuros porque dejaría de existir cuando este perece.

Si el yo y el cuerpo fueran lo mismo, puesto que podemos tener fe, soñar, resolver problemas matemáticos, etcétera, se deduciría que la carne, la sangre y los huesos también podrían hacerlo.

Puesto que no se cumple ninguna de estas consecuencias, queda claro que el yo no es el cuerpo.

2) Si el yo fuera la mente, no tendría sentido decir: «Mi mente» porque el poseedor y lo poseído serían lo mismo; pero, por lo general, cuando pensamos en nuestra mente, decimos: «Mi mente», lo cual indica con claridad que el yo no es la mente.

   Si el yo fuera la mente, puesto que tenemos numerosos tipos de mentes, como las seis consciencias, mentes conceptuales y mentes no conceptuales, podría deducirse que poseemos tantos yoes como mentes; como esto es absurdo, podemos concluir que el yo no es la mente.

3) Puesto que ni el cuerpo ni la mente son el yo, el conjunto del cuerpo y la mente tampoco puede serlo. Si el conjunto del cuerpo y la mente es un grupo de objetos que no son el yo, ¿cómo puede el conjunto en sí ser el yo? Por ejemplo, en un rebaño de ovejas no hay ningún animal que sea una vaca y, por consiguiente, el rebaño en sí no es una vaca. De la misma manera, ninguno de los dos elementos que forman el conjunto del cuerpo y la mente es el yo, por lo que el conjunto en sí tampoco puede serlo.

Es posible que este razonamiento nos resulte difícil de comprender, pero si reflexionamos sobre él con detenimiento y calma y lo analizamos con otros practicantes que tengan más experiencia, poco a poco se irá aclarando. También es útil consultar libros autorizados sobre el tema, como *Nuevo corazón de la sabiduría* y *Océano de néctar*.

4) Si el yo no es el cuerpo ni la mente ni el conjunto de ambos, la única posibilidad que queda es que sea algo separado del cuerpo y de la mente. En ese caso, deberíamos poder aprehender el yo sin percibir el cuerpo ni la mente; pero si imaginamos que estos dos desaparecen por completo, no quedaría nada que pudiera denominarse *yo*. Por lo tanto, se deduce que el yo no existe separado del cuerpo y la mente.

   Imaginemos que nuestro cuerpo se disuelve de manera gradual en el aire. Luego nuestra mente se desvanece, los pensamientos se los lleva el viento y los sentimientos, los deseos y la consciencia también desaparecen en la nada. ¿Queda algo que sea el yo? Nada en absoluto. De este modo, queda claro que el yo no es algo separado del cuerpo y la mente.

Tras haber examinado las cuatro posibilidades, no hemos conseguido encontrar el yo o entidad de nuestra persona. Puesto que anteriormente concluimos que no había una quinta posibilidad, llegamos a la conclusión de que el yo al que normalmente nos aferramos y estimamos no existe en absoluto. En lugar de percibir el yo con existencia inherente, ahora solo aparece su ausencia. Esta ausencia del yo con existencia inherente es una vacuidad, una verdad última.

PRIMERA MEDITACIÓN

Realizamos esta contemplación hasta que aparezca la imagen mental o genérica de la ausencia del yo que normalmente percibimos. Esta imagen es el objeto de la meditación de emplazamiento. Hemos de procurar familiarizarnos por completo con ella, para lo cual debemos meditar continuamente en ella de manera convergente durante tanto tiempo como podamos.

Debido a que desde tiempo sin principio nos hemos aferrado a un yo con existencia inherente y lo hemos querido más que a ninguna otra cosa, la experiencia de no poder encontrarlo en meditación puede resultarnos bastante desconcertante al principio. Algunas personas se asustan creyendo que dejan de existir por completo y otras se llenan de alegría al sentir como si la causa de todos sus problemas se hubiera desvanecido. Ambas reacciones son señales de que nuestra meditación va por buen camino. Al cabo de un tiempo, estas reacciones iniciales disminuirán y nuestra meditación será más estable. Entonces, podremos meditar en la vacuidad de nuestro yo con calma y control.

Debemos dejar que la mente se absorba en el espacio de la vacuidad durante tanto tiempo como podamos. Es importante recordar que el objeto de meditación es la vacuidad, la mera ausencia del yo que normalmente percibimos y no una mera nada. De vez en cuando hemos de observar nuestra meditación con la vigilancia mental. Si la mente se desvía hacia otro objeto o si olvidamos el significado de la vacuidad y nos concentramos en una mera nada, debemos repetir las contemplaciones anteriores para percibir de nuevo la vacuidad del yo con claridad.

Quizás nos preguntemos: «Si el yo que normalmente percibo no existe, entonces, ¿quién está meditando?, ¿quién surgirá de la meditación, hablará con otras personas y contestará cuando pronuncien mi nombre?». Aunque el yo que normalmente percibimos no existe, no significa que el yo no exista en absoluto. Existimos como un mero nombre. Mientras estemos satisfechos con el mero nombre *yo*, no hay ningún problema y podemos pensar: «Yo existo», «Me voy a dar un paseo», etcétera. El problema surge cuando buscamos el yo como algo distinto de su mero nombre. Nuestra mente se aferra a un yo que existe a nivel último, independiente de la designación conceptual, como si hubiera un verdadero yo tras esa denominación. Si ese yo existiera, deberíamos poder encontrarlo, pero ya hemos comprobado por medio de una investigación que no es posible. La conclusión definitiva de esta búsqueda es que no es posible encontrar el yo. Esta imposibilidad de encontrarlo es la vacuidad del yo, su naturaleza última, y el yo que es un mero nombre es el yo que existe.

SEGUNDA CONTEMPLACIÓN

La vacuidad del cuerpo

Identificación del objeto de negación

El modo de meditar sobre la vacuidad del cuerpo es similar al modo de meditar sobre la vacuidad del yo. Primero tenemos que identificar el objeto de negación.

Por lo general, cuando pensamos «Mi cuerpo», lo que aparece en nuestra mente es un cuerpo que existe por su propio lado, una entidad singular e independiente de sus partes. Este cuerpo es el objeto de negación y no existe. Los términos *cuerpo que existe de manera verdadera*, *cuerpo con existencia inherente*, *cuerpo que existe por su propio lado* y *cuerpo que normalmente vemos* son sinónimos y todos son objetos de negación.

Refutación del objeto de negación

Si el cuerpo existe tal y como lo percibimos, ha de hacerlo de una de las dos maneras siguientes: como sus partes o como algo separado de ellas. No hay ninguna otra posibilidad.

Si el cuerpo es lo mismo que sus partes, ¿es el cuerpo una de las partes individuales o el conjunto de ellas? Si es una de las partes, ¿cuál de ellas es? ¿Es las manos, la cabeza, la piel, el esqueleto, la carne o los órganos internos? Si analizamos cada posibilidad con detenimiento, ¿es la cabeza el cuerpo?, ¿es la carne el cuerpo?, etcétera, descubriremos con facilidad que ninguna de las partes del cuerpo es el cuerpo.

Si ninguna de las partes del cuerpo es el cuerpo, ¿lo es el conjunto de ellas? El conjunto de las partes del cuerpo no puede ser el cuerpo. ¿Por qué? Porque todas las partes del cuerpo son no cuerpos y, por lo tanto, ¿cómo es posible que un conjunto de no cuerpos sea un cuerpo? Las manos, los pies, etcétera, son partes del cuerpo, pero no el cuerpo mismo. Aunque todas estas partes estén unidas entre sí, siguen siendo simplemente partes del cuerpo y no pueden transformarse por arte de magia en el poseedor de las partes, el cuerpo mismo.

Debemos recordar cómo percibimos el cuerpo cuando alguien lo alaba o insulta. Parece como si fuera, por su propio lado, una unidad diferenciada. No parece algo meramente designado como una unidad, pero que en realidad está compuesto de varias partes, como un bosque o una manada de vacas. Aunque el cuerpo aparece como si fuera una entidad singular que existe por su propio lado sin depender de las extremidades, tronco o cabeza, en realidad no es más que una mera designación sobre el conjunto de estas partes. El conjunto de las partes del cuerpo es un conglomerado de distintos elementos que funcionan juntos. Este conglomerado puede considerarse como una unidad, pero esta no tiene una existencia independiente de las partes que la constituyen.

Si el cuerpo no es lo mismo que sus partes, la única posibilidad que queda es que sea algo separado de ellas; pero si todas las partes del cuerpo desaparecieran, no quedaría nada que pudiera llamarse *cuerpo*. Imaginemos que las partes de nuestro cuerpo se disuelven en luz y desaparecen. Primero lo hace la piel, luego la carne, la sangre y los órganos internos, y finalmente se desvanece el esqueleto. ¿Queda algo que sea el cuerpo? Nada. Por lo tanto, no existe un cuerpo separado de sus partes.

Hemos agotado todas las posibilidades de encontrar ese cuerpo. Las partes del cuerpo no son el cuerpo y este no es algo que exista separado de ellas. Por lo tanto, es evidente que no podemos hallar el cuerpo. Allí donde percibíamos un cuerpo con existencia inherente, ahora percibimos su ausencia. Esta ausencia es su vacuidad, la carencia de un cuerpo de existencia inherente.

SEGUNDA MEDITACIÓN

Cuando reconozcamos esta ausencia de un cuerpo con existencia inherente, meditamos en ella de manera convergente. Una vez más examinamos nuestra meditación con vigilancia mental para asegurarnos de que estamos meditando en la vacuidad del cuerpo y no en una mera nada. Si perdemos el objeto, el significado de la vacuidad, debemos repetir las contemplaciones anteriores para recuperarlo.

Como en el caso del yo, el hecho de que no podamos encontrar el cuerpo tras una investigación no significa que no exista en absoluto. El cuerpo existe, pero solo como una designación convencional. Según la norma convencional, podemos designar *cuerpo* sobre el conjunto de la cabeza, el tronco y las extremidades; pero si intentamos señalar el cuerpo esperando encontrar un fenómeno sustancialmente existente al que referirnos con la palabra *cuerpo*, no lo encontraremos. Esta imposibilidad de encontrar el cuerpo es su vacuidad, su naturaleza última, mientras que el cuerpo que existe como una mera designación es su naturaleza convencional.

Aunque el cuerpo no es el conjunto de la cabeza, el tronco y las extremidades, es correcto tomar este conjunto como base para designarlo. Las partes del cuerpo son una pluralidad y el cuerpo es una unidad singular. *El cuerpo* no es más que una mera designación de la mente que lo concibe y no existe por su propio lado. Además, es correcto designar un fenómeno singular sobre un grupo de objetos. Por ejemplo, podemos asignar la palabra singular *bosque* a un conjunto de árboles o *rebaño* a un grupo de ovejas.

Todos los fenómenos existen por convenio, nada existe de manera inherente. Esto es aplicable a la mente, a los Budas e incluso a la vacuidad misma. Todo es una mera designación de la mente. Todos los fenómenos tienen partes: los objetos materiales tienen partes físicas, y los inmateriales, atributos que pueden distinguirse conceptualmente. Si utilizamos el mismo tipo de razonamiento que se expuso anteriormente, comprobaremos que ningún fenómeno es lo mismo que sus partes o que el conjunto de ellas y que no existe separado de las mismas. De este modo, comprenderemos la vacuidad de todos los fenómenos.

Es de particular importancia que meditemos sobre la vacuidad de los objetos que nos provocan intensas perturbaciones mentales, como el odio o el apego. Con un análisis correcto nos daremos cuenta de que ni el objeto que deseamos ni el que rechazamos existen por su propio lado; su belleza o fealdad, e incluso su propia existencia, son designadas por la mente. De este modo, descubriremos que no hay razón para sentir odio ni apego.

Apéndice 7

El modo de vida kadampa

LA PRÁCTICA ESENCIAL
DEL LAMRIM KADAM

Introducción

Esta práctica esencial del Lamrim kadam, conocida como *El modo de vida kadampa*, contiene dos textos: *Consejos de corazón de Atisha*, de Atisha, y *Los tres aspectos principales del camino hacia la iluminación*, de Yhe Tsongkhapa. El primero resume el modo de vida de los antiguos practicantes kadampas, cuyo ejemplo de pureza y sinceridad deberíamos intentar emular. El segundo es una profunda guía de meditación sobre las etapas del camino, Lamrim, que compuso Yhe Tsongkhapa basándose en las instrucciones que recibió directamente de Manyhushri, el Buda de la Sabiduría.

Si intentamos poner en práctica los consejos de Atisha con sinceridad y meditamos en el Lamrim según las instrucciones de Yhe Tsongkhapa, disfrutaremos de una mente pura y feliz, y avanzaremos de manera gradual hacia la paz última de la iluminación total. Como el Bodhisatva Shantideva dice:

«Utilizando la nave de nuestra forma humana,
podemos cruzar el gran océano del sufrimiento.
Puesto que en el futuro será muy difícil encontrar una
embarcación así,
¡no seas necio y no te quedes dormido!».

Practicar de este modo es la verdadera esencia del modo de vida kadampa.

Gueshe Kelsang Gyatso,
1994.

Consejos de corazón de Atisha

Cuando el venerable Atisha llegó al Tíbet, primero visitó la ciudad de Ngari. Allí residió durante dos años e impartió numerosas enseñanzas a los discípulos de Yhang Chub O. Transcurrido este tiempo decidió regresar a la India, pero antes de partir, Yhang Chub O le rogó que ofreciera una última enseñanza de despedida. Atisha contestó que ya les había dado todos los consejos que necesitaban, pero en respuesta a sus insistentes ruegos, accedió y dio los siguientes consejos:

¡Qué maravilla!

Amigos, puesto que vosotros ya poseéis un gran conocimiento y un entendimiento claro, mientras que yo no soy más que un ser sin importancia y con poca sabiduría, no es adecuado que me pidáis consejo. A pesar de todo, ya que vosotros, mis queridos amigos, a quienes estimo de todo corazón, me lo habéis rogado, os daré estos consejos esenciales con mi mente inferior e infantil.

Amigos míos, hasta que alcancéis la iluminación, el Maestro Espiritual es indispensable; por lo tanto, confiad en vuestro sagrado Guía Espiritual.

Hasta que realicéis la verdad última, la escucha es indispensable; por lo tanto, escuchad las instrucciones de vuestro Guía Espiritual.

Puesto que no alcanzaréis el estado de Buda con un mero conocimiento del Dharma, esforzaos en la práctica con entendimiento.

Evitad aquellos lugares que perturben vuestra mente, y permaneced siempre donde vuestra virtud se incremente.

Hasta que logréis realizaciones estables, las diversiones mundanas son perjudiciales; por lo tanto, morad en un lugar donde no haya tales distracciones.

Evitad los amigos que os hagan aumentar vuestras perturbaciones mentales y confiad en los que os ayuden a incrementar vuestra virtud. Guardad este consejo en vuestro corazón.

Puesto que las actividades mundanas nunca se acaban, limitad vuestras actividades.

Dedicad vuestras virtudes durante el día y la noche, y vigilad siempre vuestra mente.

Puesto que habéis recibido consejos, practicad durante el descanso de la meditación lo que vuestro Guía Espiritual os haya indicado.

Si os adiestráis con gran devoción, recibiréis los frutos de inmediato sin tener que esperar mucho tiempo.

Si practicáis de todo corazón de acuerdo con el Dharma, seréis provistos de alimentos y demás necesidades de forma natural.

Amigos míos, los objetos que deseáis no dan más satisfacción que beber agua salada; por lo tanto, aprended a permanecer satisfechos.

Evitad las mentes altivas, engreídas, orgullosas y arrogantes, y permaneced tranquilos y sumisos.

Evitad las actividades que, aun considerándose meritorias, en realidad, son obstáculos para el Dharma.

La ganancia y el respeto son lazos que tienden los maras; por lo tanto, echadlos a un lado como si fueran piedras en vuestro camino.

Las palabras de alabanza y celebridad solo sirven para engañarnos; por lo tanto, libraos de ellas como si os sonarais la nariz.

Puesto que son efímeros, dejad atrás la felicidad, el placer y los amigos que se logran en esta vida.

Puesto que las vidas futuras durarán mucho tiempo, acumulad la riqueza que os asista en el futuro.

Tendréis que marchar dejándolo todo atrás; por lo tanto, no os apeguéis a nada.

Sentid compasión por los seres más sencillos y, sobre todo, evitad despreciarlos o humillarlos.

No sintáis apego por el amigo ni odio por el enemigo.

En lugar de tener celos de las buenas cualidades de los demás, emuladlas con admiración.

En lugar de fijaros en las faltas de los demás, fijaos en las vuestras y purgadlas como si fueran mala sangre.

No contempléis vuestras buenas cualidades, sino las de los demás, y respetad a todos como lo haría un sirviente.

Considerad que todos los seres son vuestros padres y madres, y amadlos como si fuerais su hijo.

Mantened siempre un rostro sonriente y una mente amorosa, y hablad con sinceridad y sin malicia.

Si habláis demasiado y sin sentido, cometeréis errores; por lo tanto, hablad con moderación y solo cuando sea necesario.

Si os involucráis en muchas actividades sin sentido, vuestras actividades virtuosas degenerarán; por lo tanto, abandonad las tareas que no sean espirituales.

Es una gran necedad esforzarse por realizar actividades que carecen de sentido.

Si no conseguís los objetos que deseáis, es por el karma que creasteis en el pasado; por lo tanto, mantened una mente feliz y relajada.

Tened cuidado, ofender a los seres sagrados es peor que la muerte; por lo tanto, sed sinceros y honrados.

Puesto que toda la felicidad y el sufrimiento de esta vida son el resultado de acciones del pasado, no culpéis a los demás.

Toda la felicidad proviene de las bendiciones de vuestro Guía Espiritual; por lo tanto, corresponded siempre a su bondad.

Puesto que no podéis adiestrar las mentes de los demás mientras no hayáis controlado la vuestra, comenzad por dominar vuestra propia mente.

Puesto que, sin lugar a dudas, tendréis que partir sin las riquezas que hayáis acumulado, no cometáis acciones perjudiciales para conseguir riqueza.

Las diversiones que distraen carecen de esencia; por lo tanto, practicad la generosidad con sinceridad.

Guardad siempre una disciplina moral pura, porque gracias a ella obtendréis belleza en esta vida y felicidad en las futuras.

Puesto que el odio abunda en estos tiempos impuros, poneos la armadura de la paciencia, libre del odio.

Seguís confinados en el samsara debido al poder de la pereza; por lo tanto, encended el fuego del esfuerzo de la aplicación.

Puesto que esta existencia humana se malgasta si nos dejamos llevar por las distracciones, ahora es el momento de practicar la concentración.

Bajo la influencia de las creencias erróneas no comprendéis la naturaleza última de los fenómenos; por lo tanto, analizad los significados correctos.

Amigos míos, en esta ciénaga del samsara no existe la felicidad; por lo tanto, trasladaos a la tierra firme de la liberación.

Meditad siguiendo el consejo de vuestro Guía Espiritual y desecad el río del sufrimiento del samsara.

Contemplad lo que os digo con detenimiento, porque no son solo palabras que surgen de mi boca, sino consejos sinceros que os doy de corazón.

Si practicáis de este modo, me complaceréis, seréis felices y haréis felices también a los demás.

Yo, que soy un ignorante, os suplico que practiquéis estos consejos de todo corazón.

Estos son los consejos que el sagrado ser, el venerable Atisha, dio al honorable Yhang Chub O.

Los tres aspectos principales del camino hacia la iluminación

por el Buda de la Sabiduría Yhe Tsongkhapa

Homenaje al venerable Guía Espiritual.

Voy a explicar lo mejor que pueda
el significado esencial de las enseñanzas de todos los Budas
[la renuncia],
el camino principal de los Bodhisatvas, que tienen
compasión por todos los seres sintientes [la bodhichita]
y el camino último de los seres afortunados que buscan
la liberación [la visión correcta de la vacuidad].

No debes apegarte a los disfrutes mundanos,
sino esforzarte por extraer el verdadero sentido de la
vida humana
por medio de la escucha y la práctica de las instrucciones
que aquí se exponen,
que todos los Budas del pasado practicaron con deleite.

El apego a satisfacer tus propios deseos, el deseo
incontrolado,
es la causa principal de todos tus problemas y sufrimiento,
y no hay ningún método para abandonarlo si no se genera
primero la renuncia.
Así pues, debes aplicarte con gran esfuerzo para generar
y mantener una renuncia pura.

Cuando, por medio del adiestramiento diario, generes
de manera espontánea los pensamientos:
«Es posible que me muera hoy» y «una preciosa vida
humana es muy difícil de encontrar»,
y medites sobre la verdad del karma y los sufrimientos
del ciclo de vidas impuras, el samsara,
tu apego a los disfrutes mundanos cesará.

De este modo, cuando el deseo incontrolado por los
disfrutes mundanos,
no surja ni siquiera por un instante,
sino que día y noche aflore el intenso anhelo que aspira a
la liberación, el nirvana,
en ese momento habrás generado la renuncia pura.

No obstante, si esta renuncia no se mantiene
con la mente compasiva de bodhichita,
no será causa de la felicidad insuperable, la iluminación;
por lo tanto, debes aplicarte con esfuerzo en generar
la preciosa mente de bodhichita.

Arrastrados por la corriente de los cuatro ríos poderosos
[el nacimiento, la vejez, las enfermedades y la muerte],
atados con fuerza por las cadenas del karma, tan difíciles
de romper,
atrapados en la férrea malla del aferramiento propio,
velados totalmente por la negra oscuridad de la ignorancia,

sometidos a un renacimiento tras otro en el samsara
sin límites
y atormentados sin cesar por los tres sufrimientos
[las sensaciones dolorosas, el sufrimiento del cambio
y el sufrimiento subyacente]:
al contemplar la situación de tus madres, todos los seres
sintientes, en circunstancias como estas,
genera la mente suprema de la bodhichita.

Pero, aunque te hayas familiarizado con la renuncia
y la bodhichita,
si no posees la sabiduría que comprende el modo en
que realmente existen los fenómenos,
no serás capaz de cortar la raíz del samsara;
por lo tanto, esfuérzate en aplicar los métodos para
comprender la relación dependiente.

Cuando veas con claridad los fenómenos, como el samsara
y el nirvana, y la causa y el efecto, tal y como existen,
y al mismo tiempo comprendas que los fenómenos que
normalmente ves o percibes no existen,
habrás entrado en el camino de la visión correcta de
la vacuidad,
y así deleitarás a todos los Budas.

Si percibes y crees que la apariencia –los fenómenos–
y el vacío –la vacuidad de los fenómenos–,
son duales,
aún no has comprendido la intención de Buda.

Con solo ver que los fenómenos existen
en dependencia de su mero nombre,
si tu aferramiento propio se reduce o cesa,
en ese momento, habrás completado tu comprensión
de la vacuidad.

Además, si niegas el extremo de la existencia
con solo comprender que los fenómenos son solo
mera apariencia,
y si niegas el extremo de la inexistencia
con solo comprender que los fenómenos que normalmente
ves o percibes no existen,

y si comprendes cómo, por ejemplo, la vacuidad de causa
y efecto,
se percibe como causa y efecto,
puesto que no hay causa ni efecto otros que la vacuidad,
con estas realizaciones las creencias extremas no te
perjudicarán.

Cuando, de este modo, hayas comprendido correctamente
los significados esenciales
de los tres aspectos principales del camino,
querido mío, recógete en retiro solitario, genera y mantén
un gran esfuerzo
y alcanza con rapidez la meta final.

Colofón: Ambos textos han sido traducidos bajo la compasiva guía del venerable Gueshe Kelsang Gyatso Rimpoché.

Glosario de términos

Acciones perjudiciales Caminos que conducen a los reinos inferiores. Son innumerables, pero la mayoría pueden incluirse en diez: matar, robar, mantener una mala conducta sexual, mentir, causar desunión con la palabra, pronunciar palabras ofensivas, chismorrear, tener codicia, tener malicia y sostener creencias erróneas. Véase *El camino gozoso de buena fortuna*.

Aferramiento propio / Autoaferramiento Mente conceptual que percibe todos los fenómenos como si tuvieran existencia inherente. La mente del aferramiento propio es el origen de todas las demás perturbaciones mentales, como el odio y el apego, y es la causa raíz de todo sufrimiento e insatisfacción. En particular, para hacer referencia a la mente que se aferra al yo con existencia inherente, se ha utilizado el término *autoaferramiento*. Véanse *El camino gozoso de buena fortuna, Nuevo corazón de la sabiduría* y *Océano de néctar*.

Aire que sustenta la vida Aire interno de energía que reside en el chakra del corazón. Este aire puede ser burdo, sutil o muy sutil. El muy sutil es el que viaja de una vida a otra, y sobre él monta la mente muy sutil. Véanse *La luz clara del gozo* y *Una vida con significado, una muerte gozosa*.

Aires de energía Véase AIRES INTERNOS.

Aires internos Aires de energía interna relacionados con la mente, que fluyen por los canales del cuerpo. Sin ellos, el cuerpo y la mente no podrían funcionar. Véanse *Budismo moderno, Caminos y planos tántricos, La luz clara del gozo, Las instrucciones orales del Mahamudra* y *Mahamudra del tantra*.

Apego Factor mental perturbador que observa un objeto contaminado, lo considera como una causa de felicidad y lo desea. Véanse *Cómo comprender la mente* y *El camino gozoso de buena fortuna*.

Atisha (982-1054) Famoso erudito budista indio y maestro de meditación. Fue abad del gran monasterio budista de Vikramashila en una época en que el budismo mahayana florecía en la India. Posteriormente, en respuesta a una invitación, viajó al Tíbet, donde restableció el Dharma puro. Autor del primer texto sobre las etapas del camino o *Lamrim* en tibetano, *La lámpara del camino a la iluminación*. Su tradición fue conocida más tarde como la *tradición kadampa*. Véanse *Budismo moderno* y *El camino gozoso de buena fortuna*.

Autoaferramiento Véase AFERRAMIENTO PROPIO.

Bendición Proceso de transformación de la mente de un estado negativo a uno virtuoso, de uno de infelicidad a uno de felicidad, o de uno de debilidad a uno de fortaleza, que se produce como resultado de recibir la inspiración de seres sagrados, como nuestro Guía Espiritual, los Budas o los Bodhisatvas.

Bodhichita Término sánscrito que significa 'mente de la iluminación'. *Bodhi* quiere decir 'iluminación', y *chita*, 'mente'. Puede ser de dos clases: convencional y última. Por lo general, cuando se habla de *bodhichita*, se hace referencia a la acepción convencional, la mente primaria motivada por la gran compasión que desea de manera espontánea alcanzar la iluminación por el beneficio de todos los seres sintientes, y puede ser aspirante o comprometida. La bodhichita aspirante es el mero deseo de alcanzar la iluminación por el beneficio de todos los seres sintientes, y la comprometida es la que se mantiene con los votos del Bodhisatva. La bodhichita última es la sabiduría que realiza la vacuidad, la naturaleza última de los fenómenos, de manera directa, y está motivada por la bodhichita convencional. En general, hay dos métodos para generar la bodhichita convencional, el método de las siete etapas de seis causas y un efecto y el método de igualarse y cambiarse uno mismo con los demás. El sistema que se presenta en el *Nuevo manual de meditación*, es una síntesis de estas dos tradiciones. Véase también MÉTODO DE LAS SIETE ETAPAS DE SEIS CAUSAS Y UN EFECTO. Véanse *Budismo moderno, El camino gozoso de buena fortuna, Nuevo ocho pasos hacia la felicidad* y *Tesoro de contemplación.*

Bodhisatva Aquel que ha generado la mente de bodhichita de manera espontánea, pero aún no es un Buda. Cuando el practicante genera la bodhichita espontánea se convierte en un Bodhisatva y entra en el primer camino mahayana, el de la acumulación. El Bodhisatva ordinario es aquel que aún no ha alcanzado una realización directa de la vacuidad, y el Bodhisatva Superior, el que ya la ha logrado. Véanse *El camino gozoso de buena fortuna* y *Tesoro de contemplación.*

Buda Por lo general significa 'Ser Despierto', aquel que ha despertado del sueño de la ignorancia y percibe los fenómenos tal y como son. Un Buda es una persona libre por completo de todas las faltas y obstrucciones mentales. Todos los seres tienen el potencial de convertirse en un Buda. Véase también BUDA SHAKYAMUNI. Véanse *Budismo moderno* y *El camino gozoso de buena fortuna.*

Buda Shakyamuni El Buda fundador de la religión budista. Véase *Introducción al budismo.*

Budadharma Véase DHARMA.

Budeidad Sinónimo de *iluminación total.* Véase también ILUMINACIÓN.

Budismo kadampa Escuela de budismo mahayana fundada por el gran maestro indio Atisha (982-1054). Véanse también KADAMPA y TRADICIÓN KADAMPA.

Budista Aquel que desde lo más profundo de su corazón se refugia en las Tres Joyas –Buda, Dharma y Sangha–. Véase *Introducción al budismo.*

Chakra Palabra sánscrita que literalmente significa 'rueda de canales'. Centro focal del canal central desde donde se ramifican los canales secundarios. La meditación en estos puntos causa que los aires internos penetren en el canal central. Véase *Caminos y planos tántricos*.

Chakra del corazón / Rueda de canales del corazón La rueda de canales, en sánscrito chakra, en nuestro corazón. Véanse *Caminos y planos tántricos, La luz clara del gozo, Las instrucciones orales del Mahamudra* y *Mahamudra del tantra*.

Clarividencia Habilidades que se adquieren como resultado del dominio de un tipo de concentración especial. Hay cinco clases principales de clarividencia: la visual –habilidad de ver formas sutiles y distantes–, la auditiva –habilidad de oír sonidos sutiles y distantes–, la clarividencia de los poderes sobrenaturales –habilidad de emanar mentalmente varias formas–, la de recordar vidas pasadas y la de conocer las mentes de los demás. Algunos seres, como los del bardo y algunos humanos y espíritus, poseen clarividencias contaminadas que han obtenido como resultado de su karma, pero en realidad no son verdaderas clarividencias.

Concentración Factor mental gracias al cual la mente primaria permanece fija en el objeto de manera convergente. Véanse *Cómo comprender la mente* y *El camino gozoso de buena fortuna*.

Confesión Acto de purificación del karma negativo por medio de los cuatro poderes oponentes: el del arrepentimiento, el de la dependencia, el de la fuerza oponente y el de la promesa. Véanse *Compasión universal* y *El voto del Bodhisatva*.

Consciencia Las seis consciencias, o mentes primarias, son: la visual, la auditiva, la olfativa, la gustativa, la corporal y la mental. Véase *Cómo comprender la mente*.

Dedicación Factor mental virtuoso por naturaleza. Es la intención virtuosa cuya función es hacer que aumenten las virtudes que hayamos acumulado e impedir que degeneren. Véase *El camino gozoso de buena fortuna*.

Designación Según la escuela madhyamika-prasanguika, todos los fenómenos son meramente designados por la mente conceptual en dependencia de sus bases de designación. Por lo tanto, son meras designaciones y no existen por su propio lado. Véanse *Budismo moderno* y *Nuevo corazón de la sabiduría*.

Dharma Las enseñanzas de Buda y las realizaciones espirituales que se alcanzan al ponerlas en práctica. *Dharma* es una palabra sánscrita que significa 'protección'. Al practicar las enseñanzas de Buda nos protegemos del sufrimiento y los problemas.

Disciplina moral Resolución virtuosa de abandonar cualquier falta o la acción física o verbal motivada por esta resolución. Véanse *El camino gozoso de buena fortuna* y *Tesoro de contemplación*.

Engaño Véase PERTURBACIÓN MENTAL.

Etapa de consumación Realizaciones del tantra del yoga supremo que se alcanzan al lograr que los aires internos entren, permanezcan y se disuelvan en el canal central gracias al poder de la meditación. Véanse *Budismo moderno, Caminos y planos tántricos, La luz clara del gozo, Las instrucciones orales del Mahamudra* y *Mahamudra del tantra*.

Etapas del camino *Lam rim* en tibetano. Sistema estructurado de todas las enseñanzas de Buda en el que se presenta el camino completo hacia la iluminación. Gracias a este sistema, las enseñanzas de Buda son fáciles de entender y de poner en práctica. Véase también LAMRIM. Véanse *El camino gozoso de buena fortuna, El espejo del Dharma* y *Nuevo manual de meditación*.

Fe Factor mental cuya función principal es eliminar la carencia de fe. Es una mente virtuosa por naturaleza y su función es oponerse a la percepción de faltas en el objeto observado. Existen tres clases de fe: fe creyente, fe admirativa y fe desiderativa. Véanse *Budismo moderno, Cómo comprender la mente, Cómo transformar tu vida* y *El camino gozoso de buena fortuna*.

Felicidad Hay dos clases de felicidad: mundana y supramundana. La mundana es la felicidad limitada que se puede experimentar en el samsara, como la de los seres humanos y los dioses. La supramundana es la felicidad pura de la liberación y la iluminación. Véase *El espejo del Dharma.*

Flexibilidad Hay dos clases de flexibilidad: física y mental. La primera es un objeto tangible, flexible y ligero que se desarrolla en el interior de nuestro cuerpo cuando por medio de la meditación generamos un aire de energía puro que impregna todo el cuerpo, y la segunda es la docilidad de la mente inducida por una concentración virtuosa. Véanse *Cómo comprender la mente, El camino gozoso de buena fortuna* y *La luz clara del gozo.*

Gema que colma todos los deseos Joya legendaria que concede cualquier deseo que se le pida.

Gueshe Título concedido por los monasterios kadampas a los eruditos budistas con ciertas cualificaciones. Contracción en tibetano de las palabras *ge güei she nyen*, que literalmente significan 'amigo virtuoso'.

Guía Espiritual *Guru* en sánscrito, *Lama* en tibetano. Maestro que nos guía por el camino espiritual. Véanse *El camino gozoso de buena fortuna* y *Gran tesoro de méritos.*

Guru Véase GUÍA ESPIRITUAL.

Iluminación Sabiduría omnisciente libre de todas las apariencias equívocas. Véanse *Cómo transformar tu vida* y *El camino gozoso de buena fortuna.*

Imagen genérica El objeto aparente de una mente conceptual. La imagen genérica o imagen mental de un objeto es como un reflejo del mismo. Las mentes conceptuales no conocen su objeto de manera directa sino a través de la apariencia de una imagen genérica del mismo. Véanse *Cómo comprender la mente* y *Nuevo corazón de la sabiduría.*

Imagen mental Véase IMAGEN GENÉRICA.

Impresión Hay dos clases de impresiones: las de las acciones y las de las perturbaciones mentales o engaños. Todas las acciones que realizamos dejan grabadas sus huellas o impresiones en la consciencia mental. Estas impresiones son potenciales kármicos que nos harán experimentar ciertos efectos en el futuro. Las impresiones de las perturbaciones mentales permanecen incluso después de haber eliminado estas últimas, al igual que en un recipiente donde había ajos queda su olor incluso después de haberlo vaciado. Las impresiones de las perturbaciones mentales son las obstrucciones a la omnisciencia y solo los Budas las han eliminado por completo.

Intención superior La resolución motivada por la gran compasión de tomar la responsabilidad personal de liberar a los demás del sufrimiento y conducirlos a la felicidad verdadera. Véase *El camino gozoso de buena fortuna.*

Kadampa Palabra tibetana. *Ka* significa 'palabra' y se refiere a todas las enseñanzas de Buda; *dam*, a la presentación especial del Lamrim que Atisha enseñó, conocida como *Etapas del camino hacia la iluminación*, y *pa*, a los seguidores del budismo kadampa, que integran todas las enseñanzas de Buda que conocen en su práctica del Lamrim. Véanse también BUDISMO KADAMPA y TRADICIÓN KADAMPA. Véase *Budismo moderno.*

Karma Palabra sánscrita que significa 'acción'. Impulsados por la intención efectuamos acciones físicas, verbales y mentales, y todas ellas producen efectos. Las acciones virtuosas producen como resultado felicidad, y las perjudiciales, sufrimiento. Véase *El camino gozoso de buena fortuna.*

Lamrim Palabra tibetana que significa literalmente 'etapas del camino'. Presentación especial de todas las enseñanzas de Buda fácil de comprender y de poner en práctica. Revela todas las etapas del camino hacia la iluminación. Véase también ETAPAS DEL CAMINO. Para un comentario completo, véanse *El camino gozoso de buena fortuna, El espejo del Dharma* y *Nuevo manual de meditación.*

Luz clara La mente muy sutil manifiesta que percibe una apariencia como un espacio claro y vacío. Véanse *Budismo moderno, Caminos y planos tántricos, La luz clara del gozo, Las instrucciones orales del Mahamudra* y *Mahamudra del tantra.*

Mahayana Término sánscrito que significa 'gran vehículo', el camino espiritual que conduce a la gran iluminación. El objetivo del camino mahayana es alcanzar la Budeidad por el beneficio de todos los seres sintientes abandonando por completo las perturbaciones mentales y sus impresiones. Véanse *El camino gozoso de buena fortuna* y *Tesoro de contemplación.*

Mantra Palabra sánscrita que significa 'protección de la mente'. El mantra protege la mente de apariencias y concepciones ordinarias. Hay cuatro clases de mantras: los que son mente, los que son aires internos sutiles, los que son sonidos y los que son formas. Por lo general, hay tres clases de recitación de mantras: recitación verbal, recitación mental y recitación vajra. Véase *Caminos y planos tántricos.*

Manyhushri Personificación de la sabiduría de todos los Budas. Véanse *Gema del corazón* y *Gran tesoro de méritos.*

Mente Se define como «aquello que es claridad y conoce». La mente es claridad porque siempre carece de forma y tiene la capacidad de percibir objetos, y conoce porque su función es conocer o percibir objetos. Véanse *Cómo comprender la mente, La luz clara del gozo* y *Mahamudra del tantra.*

Mente conceptual Pensamiento que aprehende su objeto por medio de una imagen mental o genérica. Véase *Cómo comprender la mente.*

Mente no conceptual Conocedor cuyo objeto aparece con claridad y sin mezclarse con una imagen genérica. Véase *Cómo comprender la mente.*

Mera designación Según la escuela más elevada de filosofía budista, la madhyamika-prasanguika, todos los fenómenos son meramente designados por la mente conceptual a partir de sus bases de designación. Por lo tanto, son meras designaciones y no existen por su propio lado. Véanse *Cómo transformar tu vida* y *Nuevo corazón de la sabiduría.*

Méritos Buena fortuna que se acumula al realizar acciones virtuosas. Es el poder potencial de aumentar nuestras buenas cualidades y ser felices.

Método de las siete etapas de seis causas y un efecto Método para generar la mente de bodhichita que consiste en cultivar amor afectivo reconociendo que todos los seres sintientes son nuestras madres y recordando la bondad que nos han mostrado. Véase *El camino gozoso de buena fortuna.*

Milarepa (1040-1123) Gran meditador budista tibetano, discípulo de Marpa y célebre por sus hermosas canciones de realización.

Monte Meru Según la cosmología budista, una montaña sagrada situada en el centro del universo.

Naturaleza de Buda Mente raíz o primordial de un ser sintiente y su naturaleza última. *Linaje de Buda, naturaleza de Buda* y *semilla de Buda* son términos sinónimos. Todos los seres sintientes poseen el linaje de Buda y, por consiguiente, el potencial de alcanzar la Budeidad. Véase *Mahamudra del tantra.*

Nueva Tradición Kadampa Véase TRADICIÓN KADAMPA.

Nueve permanencias mentales Los nueve niveles de concentración que conducen al logro de la permanencia apacible. Estos son: emplazamiento de la mente, emplazamiento continuo, reemplazamiento, emplazamiento cercano, control, pacificación, pacificación completa, convergencia y emplazamiento estabilizado. Véanse *El camino gozoso de buena fortuna* y *Tesoro de contemplación.*

Odio Factor mental perturbador que observa un objeto contaminado, exagera sus malas características, lo considera indeseable y desea perjudicarlo. Véanse *Cómo comprender la mente* y *Cómo solucionar nuestros problemas humanos.*

Perturbación mental / Engaño Factor mental que surge de la atención inapropiada y cuya función es turbar la mente y descontrolarla. Hay tres perturbaciones mentales principales: el apego, el odio y la ignorancia. De ellas surgen todos los demás engaños, como los celos, el orgullo y la duda perturbadora. Véanse *Cómo comprender la mente* y *El camino gozoso de buena fortuna*.

Poder sobrenatural Véase CLARIVIDENCIA.

Postura vajra Posición idónea para la meditación en la que el meditador se sienta con las piernas cruzadas, con el pie izquierdo sobre el muslo derecho y el pie derecho sobre el muslo izquierdo, ambos con la planta hacia arriba. La mano derecha debe colocarse encima de la izquierda, con las palmas hacia arriba y las puntas de los dedos pulgares un poco elevadas que se tocan ligeramente. La espalda ha de mantenerse recta, y los hombros, nivelados. La boca debe estar cerrada con naturalidad, la cabeza inclinada ligeramente hacia adelante y los ojos entreabiertos, ni muy abiertos ni muy cerrados. Véase *El camino gozoso de buena fortuna*.

Pratimoksha Término sánscrito que significa 'liberación individual'. Véase *El voto del Bodhisatva*.

Purificación Por lo general, toda práctica que ayude a lograr un cuerpo, una palabra y una mente puros. En particular, las prácticas que sirven para purificar el karma perjudicial por medio de los cuatro poderes oponentes. Véanse *El camino gozoso de buena fortuna* y *El voto del Bodhisatva*.

Realización Experiencia estable y correcta de un objeto virtuoso que nos protege de manera directa del sufrimiento.

Recta conducta Factor mental que, a partir del esfuerzo, estima lo que es virtuoso y protege la mente de las perturbaciones mentales y de lo que es perjudicial. Véanse *Cómo comprender la mente, El camino gozoso de buena fortuna* y *Tesoro de contemplación*.

Reino de la forma Lugar donde habitan los dioses que poseen forma. Estos dioses son superiores a los del reino del deseo.

Se llama reino de la forma porque el cuerpo de los dioses que habitan en él es una forma sutil. Véase *Océano de néctar.*

Reino del deseo Lugar donde habitan los seres de los infiernos, espíritus ávidos, animales, humanos, semidioses y los dioses que disfrutan de los cinco objetos de deseo.

Reino inmaterial Lugar donde habitan los dioses que carecen de forma.

Retentiva mental / Memoria Factor mental cuya función es no olvidar el objeto realizado por la mente primaria. Véase *Cómo comprender la mente.*

Retiro Aislamiento que realizamos durante un período de tiempo en el que restringimos nuestras actividades físicas, verbales y mentales para poder concentrarnos en una determinada práctica espiritual. Véase *Gema del corazón* y *Nueva guía del Paraíso de las Dakinis.*

Rueda de canales Véase CHAKRA.

Rueda del Dharma Buda impartió sus enseñanzas en tres etapas que se conocen como *los tres giros de la rueda del Dharma.* Durante el primer giro enseñó las cuatro nobles verdades, en el segundo reveló los *Sutras de la perfección de la sabiduría,* en los que expuso la visión madhyamika-prasanguika, y en el tercero dio instrucciones sobre la visión *chitamatra.* Buda impartió estas enseñanzas adaptándose a las inclinaciones y capacidades de sus discípulos. La visión última de Buda es la que reveló en el segundo giro de la rueda del Dharma. El Dharma es a menudo comparado con la rueda preciosa, una de las posesiones de un monarca *chakravatin.* Esta rueda transporta al rey a través de largas distancias en poco tiempo, y se dice que allí donde viaja la rueda, gobierna el rey. De manera similar, cuando Buda reveló el camino a la iluminación, se dice que giró la Rueda del Dharma, y allí donde llegan estas instrucciones, las mentes descontroladas quedan subyugadas.

Sangha Según la tradición del *vinaya*, una comunidad de al menos cuatro monjes o monjas con la ordenación completa. En general, también se puede considerar Sangha a los practicantes ordenados o laicos que han recibido los votos del Bodhisatva o los tántricos.

Satisfacción Estar contentos con nuestras circunstancias externas e internas motivados por una intención virtuosa.

Semilla de Buda Véase NATURALEZA DE BUDA.

Ser sintiente Ser cuya mente está contaminada por las perturbaciones mentales o sus impresiones, es decir, que no ha alcanzado la Budeidad. El término *ser sintiente* se utiliza para distinguir a aquellos seres cuyas mentes están ofuscadas por cualquiera de las dos obstrucciones, de los Budas, cuyas mentes están libres por completo de ellas.

Ser Superior *Arya* en sánscrito. Aquel que posee una realización directa de la vacuidad. Hay Seres Superiores hinayanas y mahayanas.

Shantideva (687-763) Gran erudito budista indio y maestro de meditación, autor de la *Guía de las obras del Bodhisatva*. Véanse *Guía de las obras del Bodhisatva* y *Tesoro de contemplación*.

Sufrimiento del cambio Para los seres en el samsara, toda experiencia de placer o felicidad que extraen de sus disfrutes del samsara son sufrimientos de cambio porque dichas experiencias son contaminadas y su naturaleza es sufrimiento. Véase *El camino gozoso de buena fortuna*.

Sutra Enseñanzas de Buda que pueden practicarse sin necesidad de haber recibido una iniciación. Incluyen las instrucciones que Buda enseñó durante los tres giros de la rueda del Dharma. Véase *Budismo moderno*.

Tantra Término sinónimo de *mantra secreto*. Las enseñanzas del mantra secreto se diferencian de las del sutra en que revelan métodos para el adiestramiento de la mente con los que se trae el resultado futuro o Budeidad al camino presente. El practicante del mantra secreto se protege de las apariencias y concepciones ordinarias visualizando su cuerpo, sus disfrutes, su entorno y sus acciones como los de un Buda. El tantra es el camino supremo a la iluminación total. Las prácticas tántricas han de realizarse en privado y solo los que han recibido una iniciación tántrica pueden adiestrarse en ellas. Véanse *Budismo moderno, Caminos y planos tántricos* y *Mahamudra del tantra.*

Tantra del yoga supremo El camino rápido supremo que nos conduce a la iluminación. Las enseñanzas del tantra del yoga supremo presentan la intención última de Buda. Véanse *Budismo moderno, Caminos y planos tántricos* y *Mahamudra del tantra.*

Tiempo sin principio Según la visión budista del mundo, la mente no tiene principio y, por lo tanto, todos los seres sintientes han renacido innumerables veces.

Tierra pura Entorno puro donde no hay sufrimientos verdaderos. Existen numerosas tierras puras. Por ejemplo, Tushita es la tierra pura de Buda Maitreya, Sukhavati es la de Buda Amitabha y la Tierra de las Dakinis, o *Keajra*, es la de Buda Heruka y Buda Vajrayoguini. Véanse *Nueva guía del Paraíso de las Dakinis* y *Una vida con significado, una muerte gozosa.*

Tradición kadampa Tradición pura de budismo fundada por Atisha. Antes de la aparición de Yhe Tsongkhapa se la conocía como *antigua tradición kadampa*, y después, como *nueva tradición kadampa*. Véanse también BUDISMO KADAMPA y KADAMPA.

Tres adiestramientos superiores El adiestramiento en la disciplina moral, la concentración y la sabiduría motivado por la renuncia o la bodhichita. Véanse *Budismo moderno* y El *camino gozoso de buena fortuna.*

Tres aspectos principales del camino hacia la iluminación Las realizaciones de renuncia, bodhichita y sabiduría que realiza la vacuidad. Véanse *El camino gozoso de buena fortuna* y *El espejo del Dharma.*

Tres Joyas Los tres objetos de refugio último: la Joya del Buda, la Joya del Dharma y la Joya de la Sangha. Se denominan *Joyas* porque son difíciles de encontrar y tienen un gran valor. Buda nos enseña el camino, Dharma es el refugio en sí, es decir, la práctica espiritual que nos protege del sufrimiento, y la Sangha, los amigos virtuosos que nos ayudan en el sendero hacia la iluminación. Véase *El camino gozoso de buena fortuna*.

Vacuidad La carencia de existencia inherente, la naturaleza última de todos los fenómenos. Véanse *Budismo moderno*, *Cómo transformar tu vida*, *Nuevo corazón de la sabiduría* y *Océano de néctar*.

Vajra Por lo general, esta palabra sánscrita significa 'indestructible como un diamante y poderoso como un rayo'. En el contexto del mantra secreto, puede hacer referencia a la 'indivisibilidad del método y la sabiduría', a la 'gran sabiduría omnisciente' o al 'gran gozo espontáneo'. Es también el nombre de un objeto ritual hecho de metal que se utiliza en prácticas del tantra. Véase *Caminos y planos tántricos*.

Vajradhara Fundador del camino del tantra o vajrayana. Su continuo mental es el mismo que el de Buda Shakyamuni, pero presenta un aspecto diferente. Buda Shakyamuni aparece bajo el aspecto del Cuerpo de Emanación, y el Vencedor Vajradhara, en el del Cuerpo de Deleite. Véase *Gran tesoro de méritos*.

Vigilancia mental Factor mental que es una clase de sabiduría que examina las actividades de nuestro cuerpo, palabra y mente, y detecta si se generan faltas o no. Véase *Cómo comprender la mente*.

Voto Promesa virtuosa de abstenerse de cometer determinadas acciones perjudiciales que se hace por medio de un ritual tradicional. Hay tres clases de votos: los pratimoksha o de liberación individual, los del Bodhisatva y los del mantra secreto o tántricos. Véanse *Caminos y planos tántricos* y *El voto del Bodhisatva*.

Voto del Bodhisatva Véase VOTO.

Yhangchub O Sobrino del rey tibetano del siglo XI Yeshe O. Juntos soportaron numerosas dificultades para invitar al gran maestro budista indio Atisha al Tíbet, perdiendo Yeshe O la vida por esta causa. Gracias a su bondad altruista, en el Tíbet se produjo un renacimiento del Budadharma puro, que fue posteriormente conocido como *budismo kadampa* y su difusión continúa hoy día por todo el mundo. Véanse *Budismo moderno* y *El camino gozoso de buena fortuna*.

Yhe Tsongkhapa (1357-1419) Emanación del Buda de la Sabiduría, Manyhushri, que tal y como predijo Buda Shakyamuni, se manifestó como un monje en el Tíbet en el siglo XIV y fue el sostenedor del linaje de la visión y de las obras puras. Difundió un Budadharma de gran pureza por todo el Tíbet que muestra cómo combinar las prácticas del sutra y del tantra y cómo practicar el Dharma puro en tiempos de degeneración. Posteriormente su tradición se conoció como *tradición ganden* o *guelug*. Véanse *Gema del corazón* y *Gran tesoro de méritos*.

Lecturas recomendadas

El venerable Gueshe Kelsang Gyatso Rimpoché es un gran maestro de meditación e ilustre erudito de la tradición de budismo mahayana fundada por Yhe Tsongkhapa. Desde que llegó al Occidente en 1977, el venerable Gueshe Kelsang ha trabajado de manera infatigable para establecer el Budadharma puro por todo el mundo. Durante este tiempo ha impartido extensas enseñanzas sobre las principales escrituras mahayanas. Estas enseñanzas se han publicado en inglés y traducido a numerosas lenguas y constituyen una exposición completa de las prácticas esenciales del sutra y el tantra del budismo mahayana.

Libros

Títulos del venerable Gueshe Kelsang Gyatso Rimpoché publicados por Editorial Tharpa, disponibles como librillos impresos, eBooks y audios:

Budismo moderno El camino de la compasión y la sabiduría.

Caminos y planos tántricos Cómo entrar en el camino vajrayana, recorrerlo y completarlo.

Cómo comprender la mente La naturaleza y el poder de la mente.

Cómo solucionar nuestros problemas humanos Las cuatro nobles verdades.

Compasión universal Soluciones inspiradoras para tiempos difíciles.

Cómo transformar tu vida Un viaje gozoso.

El camino gozoso de buena fortuna El sendero budista completo hacia la iluminación.

El espejo del Dharma Cómo descubrir el verdadero significado de la vida humana.

El voto del Bodhisatva Guía práctica para ayudar a los demás.

Esencia del vajrayana La práctica del tantra del yoga supremo del mandala corporal de Heruka.

Gema del corazón Las prácticas esenciales del budismo kadampa.

Guía de las obras del Bodhisatva Cómo disfrutar de una vida altruista y llena de significado. Traducción de la célebre obra maestra de Shantideva.

Introducción al budismo Una presentación del modo de vida budista.

Las instrucciones orales del Mahamudra La esencia de las enseñanzas de Buda sobre el sutra y el tantra.

Mahamudra del tantra Introducción a la meditación del tantra.

Nueva guía del Paraíso de las Dakin**is** La práctica del tantra del yoga supremo de Buda Vajrayoguini.

Nuevo corazón de la sabiduría Profundas enseñanzas del corazón de Buda (una exposición del *Sutra del corazón*).

Nuevo manual de meditación Meditaciones para una vida feliz y llena de significado.

Nuevo ocho pasos hacia la felicidad El modo budista de amar.

Tesoro de contemplación El modo de vida del Bodhisatva.

Una vida con significado, una muerte gozosa La profunda práctica de la transferencia de consciencia.

En proceso de traducción

Gran tesoro de méritos Cómo confiar en el Guía Espiritual.

La luz clara del gozo Manual de meditación tántrica.

Océano de néctar La verdadera naturaleza de todos los fenómenos.

Sadhanas y otros textos

El venerable Gueshe Kelsang Gyatso Rimpoché ha supervisado personalmente la traducción de una colección esencial de *sadhanas* –oraciones rituales para el logro de realizaciones espirituales– y otros textos, disponibles como librillos impresos, eBooks y audios:

1. ***Adiestramiento de la mente en ocho estrofas*** Texto raíz del adiestramiento de la mente.
2. ***Asamblea de buena fortuna*** Práctica del tsog del mandala corporal de Heruka.
3. ***Budismo kadampa moderno***
4. ***Ceremonia de poua*** Transferencia de consciencia para los difuntos.
5. ***Ceremonia del refugio mahayana*** y ***Ceremonia del voto del Bodhisatva*** Ceremonias rituales para acumular méritos para el beneficio de todos los seres.
6. ***Ceremonia del voto pratimoksha para el laico***
7. ***Cientos de Deidades de la Tierra Gozosa según el tantra del yoga supremo*** El yoga del Guru Yhe Tsongkhapa como práctica preliminar del Mahamudra.
8. ***Cómo rellenar y bendecir estatuas*** Instrucciones para rellenar y bendecir las estatuas de Budas.
9. ***Confesión de las caídas morales del Bodhisatva*** Práctica de purificación del *Sutra mahayana de los tres cúmulos superiores*.
10. ***Destreza para enseñar*** Programa especial de formación de maestros de budismo kadampa.
11. ***El camino de la compasión para el difunto*** Sadhana de poua por el beneficio del difunto.
12. ***El camino de la compasión para el moribundo*** Sadhana de poua por el beneficio del moribundo.

13. ***El camino gozoso*** Sadhana concisa de la autogeneración como Vajrayoguini.

14. ***El camino hacia la tierra pura*** Sadhana para el adiestramiento en la práctica de poua, la transferencia de consciencia.

15. ***El camino rápido al gran gozo*** Sadhana extensa para realizar la autogeneración como Vajrayoguini.

16. ***El cielo de Keajra*** Comentario esencial a la práctica de El yoga inconcebible extraordinario.

17. ***El melodioso tambor que vence en todas las direcciones*** El ritual extenso de cumplimiento y renovación de nuestro compromiso con el Protector del Dharma, el gran rey Doryhe Shugden, junto con Mahakala, Kalarupa, Kalindevi y otros Protectores del Dharma.

18. ***El modo de vida kadampa*** La práctica esencial del Lamrim kadam: *Consejos de corazón de Atisha* y *Los tres aspectos principales del camino hacia la iluminación,* de Yhe Tsongkhapa.

19. ***El Tantra raíz de Heruka y Vajrayoguini*** Capítulos uno y cincuenta y uno del *Tantra raíz conciso de Heruka.*

20. ***El yoga de Arya Tara, la Madre Iluminada*** Sadhana de autogeneración.

21. ***El yoga de Avalokiteshvara de mil brazos*** Sadhana de autogeneración.

22. ***El yoga de Buda Amitayus*** Método especial para lograr longevidad e incrementar méritos y sabiduría.

23. ***El yoga de Buda Heruka*** Sadhana esencial de la autogeneración del mandala corporal de Heruka y yoga conciso de las seis sesiones.

24. ***El yoga de Buda Maitreya*** Sadhana de autogeneración.

25. *El yoga de Buda Vajrapani* Sadhana de autogeneración.

26. *El yoga de la Gran Madre Prajnaparamita* Sadhana de autogeneración.

27. *El yoga de Tara Blanca, el Buda de Larga Vida* Práctica con Tara Blanca, Deidad femenina iluminada para obtener larga vida, sabiduría y buena fortuna.

28. *El yoga inconcebible extraordinario* Instrucción especial para alcanzar la tierra pura de Keajra con el presente cuerpo humano.

29. *Esencia de buena fortuna* Oraciones de las seis prácticas preparatorias para la meditación de las etapas del camino hacia la iluminación.

30. *Esencia del vajrayana* Sadhana de autogeneración del mandala corporal de Heruka según el sistema del Mahasidha Ghantapa.

31. *Gema del corazón* Yoga del Guru Yhe Tsongkhapa en combinación con la sadhana abreviada del Protector Doryhe Shugden.

32. *Gota de esencia de néctar* Práctica especial de ayuno y práctica de purificación con Buda Avalokiteshvara de once rostros.

33. *Joya preliminar para el retiro del mandala corporal de Heruka*

34. *La fiesta del gran gozo* Sadhana para realizar la autoiniciación de Vajrayoguini.

35. *La gema que colma todos los deseos* Práctica del yoga del Guru Yhe Tsongkhapa en combinación con la sadhana mediana del Protector Doryhe Shugden.

36. *La gran liberación de la Madre* Oraciones preliminares para la meditación del Mahamudra en combinación con la práctica de Vajrayoguini.

37. ***La gran liberación del Padre*** Oraciones preliminares para la meditación del Mahamudra en combinación con la práctica de Heruka.

38. ***La Gran Madre*** Método para eliminar obstáculos e interferencias con la recitación del *Sutra de la esencia de la sabiduría* (*Sutra del corazón*).

39. ***La joya preliminar*** Preliminares concisas para el retiro de Vajrayoguini.

40. ***La nueva esencia del vajrayana*** Práctica de autogeneración del mandala corporal de Heruka, una instrucción del linaje oral de Ganden.

41. ***Liberación del dolor*** Alabanzas y súplicas a las veintiuna Taras.

42. ***Los votos y compromisos del budismo kadampa***

43. ***Manual para la práctica diaria de los votos del Bodhisatva y los votos tántricos***

44. ***Meditación y recitación del Vajrasatva Solitario*** Práctica de purificación.

45. ***Nuevo manual de ordenación*** Nuevo manual de ordenación de la tradición kadampa.

46. ***Ofrenda al Guía Espiritual*** (*Lama Chopa*) Una manera especial de confiar en nuestro Guía Espiritual.

47. ***Ofrenda de fuego de Vajradaka*** Práctica para purificar las faltas e impurezas.

48. ***Ofrenda de fuego de Vajrayoguini***

49. ***Ofrenda de fuego del mandala corporal de Heruka***

50. ***Oración del Buda de la Medicina*** Un método para beneficiar a los demás.

51. ***Oración liberadora*** Oración a Buda Shakyamuni

52. ***Oraciones para meditar*** Breves oraciones preparatorias para la meditación.

53. ***Oraciones por la paz en el mundo***

54. ***Oraciones sinceras*** Funeral para cremaciones y entierros.

55. ***Poua concisa***

56. ***Práctica concisa de Buda Amitayus***

57. ***Preliminares para el retiro de Vajrayoguini***

58. ***Rey del Dharma*** Método para realizar la autogeneración como Yhe Tsongkhapa.

59. ***Sadhana de Avalokiteshvara*** Oraciones y súplicas al Buda de la Compasión.

60. ***Sadhana de Samayavajra***

61. ***Sadhana del Buda de la Medicina*** Un método para alcanzar las realizaciones del Buda de la Medicina.

62. ***Súplica al sagrado Guía Espiritual venerable Gueshe Kelsang Gyatso de sus fieles discípulos***

63. ***Tesoro de sabiduría*** Sadhana del venerable Manyhushri.

64. ***Un viaje gozoso*** Cómo realizar el retiro de aproximación del mandala corporal de Heruka.

65. ***Una vida pura*** Práctica para recibir y mantener los ocho preceptos mahayanas.

66. ***Unión de No Más Aprendizaje*** Sadhana de la autoiniciación del mandala corporal de Heruka.

67. ***Yoga de la Dakini*** La sadhana media de autogeneración como Vajrayoguini.

Para realizar un pedido de estas publicaciones o solicitar un catálogo, visite www.tharpa.com o póngase en contacto con la oficina de Editorial Tharpa más próxima (véase el listado de oficinas en la página 215).

NKT-IKBU

Programas de estudio de budismo kadampa

El budismo kadampa es una escuela de budismo mahayana fundada por el gran maestro indio Atisha (982-1054). Sus seguidores se conocen con el nombre de *kadampas*. *Ka* significa 'palabra' y se refiere a las enseñanzas de Buda, y *dam*, a las instrucciones especiales del Lamrim, las etapas del camino hacia la iluminación, que Atisha enseñó. Los budistas kadampas integran su conocimiento de todas las enseñanzas de Buda en su práctica del Lamrim, que aplican en la vida diaria, y de este modo las utilizan como métodos prácticos para transformar sus actividades en el camino hacia la iluminación. Los grandes maestros kadampas son famosos, no solo por su gran erudición, sino también por su inmensa pureza y sinceridad espiritual.

El linaje de estas enseñanzas, tanto la transmisión oral de las instrucciones como sus bendiciones, fue transmitido de maestro a discípulo y se difundió primero por gran parte del continente asiático y en la actualidad por muchos países del mundo moderno. Las enseñanzas de Buda reciben el nombre de *Dharma* y se dice que son como una rueda que se traslada de un lugar a otro según cambian las condiciones e inclinaciones kármicas de sus habitantes. La presentación externa del budismo puede cambiar para adaptarse a las diversas culturas y sociedades, pero su verdadera esencia permanece intacta gracias al linaje ininterrumpido de practicantes realizados.

El budismo kadampa fue introducido en Occidente por el venerable Gueshe Kelsang Gyatso Rimpoché en 1977. Desde entonces, este maestro budista ha trabajado de manera infatigable para difundir este precioso Dharma por todo el mundo, ha impartido enseñanzas, escrito profundos libros y comentarios sobre budismo kadampa y fundado la Nueva Tradición Kadampa – Unión Internacional de Budismo Kadampa (NKT – IKBU), que ya cuenta con más de mil centros y grupos de budismo kadampa por todo el mundo. En cada centro se ofrecen programas de estudio sobre psicología y filosofía budista, instrucciones para la meditación y retiros para practicantes de todos los niveles. En ellos se enseña principalmente cómo integrar las enseñanzas de Buda en la vida diaria para resolver nuestros problemas humanos y difundir la paz y la felicidad por todo el mundo

El budismo kadampa de la NKT–IKBU es una tradición budista independiente que no tiene vinculación política alguna. Es una asociación de centros y practicantes budistas que se guían e inspiran a través del ejemplo de los maestros kadampas de antaño y sus enseñanzas, tal y como las presenta el venerable Gueshe Kelsang.

Hay tres razones por las que debemos estudiar y practicar las enseñanzas de Buda: para desarrollar nuestra sabiduría, cultivar un buen corazón y mantener paz mental. Si no nos esforzamos por desarrollar nuestra sabiduría, nunca conoceremos la verdad última, la verdadera naturaleza de la realidad. Aunque deseamos ser felices, ofuscados por la ignorancia cometemos todo tipo de acciones perjudiciales, que constituyen la causa principal de nuestro sufrimiento. Si no cultivamos un buen corazón, nuestra motivación egoísta destruirá nuestras buenas relaciones y la armonía con los demás. No encontraremos paz ni verdadera felicidad. Sin paz interior, la paz externa es imposible. Sin paz mental no podemos ser felices aunque dispongamos de las mejores condiciones externas. En cambio, cuando disfrutamos de paz mental, somos felices aunque las circunstancias que nos rodeen sean adversas. Por lo tanto, es evidente que debemos cultivar estas cualidades para ser felices.

El venerable Gueshe Kelsang o *Gueshela,* como lo llaman afectuosamente sus estudiantes, ha diseñado tres programas espirituales especiales para el estudio estructurado y la práctica del budismo kadampa adaptados a la sociedad actual: el Programa General (PG), el Programa Fundamental (PF) y el Programa de Formación de Maestros (PFM).

PROGRAMA GENERAL

El **Programa General** ofrece una introducción básica a la visión, meditación y práctica budistas y es ideal para principiantes. Incluye también enseñanzas y prácticas avanzadas, tanto de sutra como de tantra.

PROGRAMA FUNDAMENTAL

El **Programa Fundamental** va dirigido a aquellos que desean profundizar en su comprensión y experiencia del budismo y consiste en el estudio estructurado de los seis textos siguientes:

1. *El camino gozoso de buena fortuna*, comentario a las instrucciones del Lamrim de Atisha conocidas como *Etapas del camino hacia la iluminación*.
2. *Compasión universal*, comentario al *Adiestramiento de la mente en siete puntos*, del Bodhisatva Chekaua.
3. *Nuevo ocho pasos hacia la felicidad*, comentario al *Adiestramiento de la mente en ocho estrofas*, del Bodhisatva Langri Tangpa.
4. *Nuevo corazón de la sabiduría*, comentario al *Sutra del corazón*.
5. *Tesoro de contemplación*, comentario a la *Guía de las obras del Bodhisatva*, del Bodhisatva Shantideva.
6. *Cómo comprender la mente*, exposición detallada de la mente según los textos de los eruditos budistas Dharmakirti y Dignaga.

El estudio de estas obras nos aporta numerosos beneficios, que se resumen a continuación:

1) *El camino gozoso de buena fortuna:*
Nos enseña a poner en práctica todas las enseñanzas de Buda, tanto de sutra como de tantra. Si lo estudiamos y practicamos,

progresaremos con facilidad y completaremos las etapas del camino hacia la felicidad suprema de la iluminación. Desde un punto de vista práctico, el Lamrim constituye el cuerpo principal de las enseñanzas de Buda, mientras que sus otras instrucciones son como los miembros.

2) y 3) *Compasión universal* y *Nuevo ocho pasos hacia la felicidad*:
Estas obras nos muestran cómo integrar las enseñanzas de Buda en la vida diaria y a resolver todos nuestros problemas humanos.

4) *Nuevo corazón de la sabiduría*:
Nos muestra cómo alcanzar la realización de la naturaleza última de la realidad, con la que podemos eliminar la mente ignorante de aferramiento propio, la raíz de todo nuestro sufrimiento.

5) *Tesoro de contemplación*:
Con esta obra aprendemos a transformar nuestras actividades diarias en el camino y modo de vida del Bodhisatva, llenando de significado cada momento de nuestra vida.

6) *Cómo comprender la mente*:
En este texto se expone la relación entre nuestra mente y los objetos externos. Si comprendemos que los objetos dependen de la mente subjetiva, podremos cambiar la manera en que los percibimos transformando nuestra mente. Poco a poco adquiriremos la habilidad de controlar la mente y así podremos resolver todos nuestros problemas.

PROGRAMA DE FORMACIÓN DE MAESTROS BUDISTAS

El **Programa de Formación de Maestros Budistas** atiende a las necesidades de los que desean convertirse en auténticos maestros de Dharma. En este programa se estudian catorce textos de sutra y de tantra, incluidos los seis ya mencionados, y además los participantes deben mantener determinadas pautas de comportamiento y modo de vida, y completar varios retiros de meditación.

En el Manjushri KMC, en Ulverston, Inglaterra, se imparte el **Programa Especial de Formación de Maestros Budistas**, que puede cursarse en el propio centro o también por correspondencia.

Este programa especial de meditación y estudio, de tres años de duración, comprende seis cursos que están basados en los libros del venerable Gueshe Kelsang: *Cómo comprender la mente*, *Budismo moderno*, *Nuevo corazón de la sabiduría*, *Caminos y planos tántricos*, *Guía de las obras del Bodhisatva*, de Shantideva y su comentario *Tesoro de contemplación*, y *Océano de néctar*.

Todos los centros de budismo kadampa están abiertos al público. Cada año se celebran festivales en diversos países, incluidos dos en Inglaterra, a los que acuden personas de todo el mundo para recibir enseñanzas e iniciaciones y disfrutar de vacaciones espirituales. Puede visitarnos cuando lo desee.

Si desea más información sobre los programas de estudio de la NKT – IKBU o buscar el centro más cercano, puede visitar el sitio web www.kadampa.org/es o dirigirse a:

CENTROS DE MEDITACIÓN KADAMPA

EN ESPAÑA:

Barcelona: Mahakaruna KMC Barcelona – Centro de Meditación Kadampa
C/ Girona, 102
08009 Barcelona, España
Tel.: (+34) 93 4950851
info@meditacionenbarcelona.org
www.meditacionenbarcelona.org

Barcelona – Montserrat: Mahakaruna KMC Barcelona – Centro de Meditación Kadampa
Masía Ca l'Esteve
Urb. Ca l'Esteve 129 B
08253 Sant Salvador de Guardiola (Barcelona), España
Coordenadas: 41° 39′ 31,1″ N - 10° 45′ 29,9″ E
Tel.: (+34) 93 8358077
info@meditacionenbarcelona.org
www.meditacionenbarcelona.org

Madrid: Centro de Meditación Kadampa Vajrayana
C/ Manuela Malasaña, 26
28004 Madrid, España
Tel.: (+34) 91 7557535
info@meditaenmadrid.org
www.meditaenmadrid.org

Madrid – Majadahonda: Centro de Meditación Kadampa Vajrayana
C/ Fábrica 8
28221 Majadahonda (Madrid), España
Tel.: (+34) 91 6362091
info@meditaenmadrid.org
www.meditaenmadrid.org

Málaga: Centro de Meditación Kadampa de España
Camino Fuente del Perro s/n
29120 Alhaurín el Grande (Málaga), España
Tel.: (+34) 952 490918
info@meditaenmalaga.org
www.meditaenmalaga.org

EN MÉXICO:

Ciudad de México: Centro de Meditación Kadampa de México A.R.
Enrique Rébsamen #406, Col. Narvarte Poniente
C.P. 03020, México D.F., México
Tels.: (+52/01) 55 56 39 61 80/86
info@kadampamexico.org
www.kadampamexico.org

Ciudad de México: Centro de Meditación Kadampa de México A.R.
Jalapa No. 113, casi esq. con Álvaro Obregón,
Col. Roma Norte Tel. 5264 – 3147
templo@kadampamexico.org
www.templokadampamexico.org

Guadalajara: Centro de Meditación Kadampa de Guadalajara
Avenida Miguel Hidalgo #1220 esquina con Ghilardi, Colonia Americana
C.P. 41160, Guadalajara, Jalisco, México
Tel: (+52) 33 3825 6136
info@meditarenguadalajara.org
www.meditarengdl.org

EN ARGENTINA:

Buenos Aires: Centro de Meditación Kadampa Argentina
Serrano 1316, Palermo
C1414DFB Buenos Aires, Argentina
Tel. +54 (11) 4778-1219 / (15) 6149-5976
info@meditarenargentina.org
www.meditarenargentina.org

EN EL REINO UNIDO:

Oficina de la NKT en el Reino Unido
Manjushri Kadampa Meditation Centre
Conishead Priory
Ulverston, Cumbria LA12 9QQ, Inglaterra
Tel.: +44 (0) 1229 584029
Fax: +44 (0) 1229 580080
info@kadampa.org
www.kadampa.org

EN LOS ESTADOS UNIDOS:

Oficina de la NKT en los Estados Unidos
Kadampa Meditation Center New York
47 Sweeney Road
Glen Spey
NY 12737, Estados Unidos de América
Tel.: +1 845-856-9000
Fax: +1 845-856-2110
info@kadampanewyork.org
www.kadampanewyork.org

Oficinas de Tharpa en el mundo

Los libros de Tharpa se publican en español, alemán, chino, francés, griego, inglés británico y estadounidense, italiano, japonés, portugués y vietnamita. En las oficinas de Tharpa podrá encontrar libros en estas lenguas.

Oficina en España
Editorial Tharpa España
C/ Fábrica, 8
28221, Majadahonda
Madrid, España
Tel.: (+34) 91 1124914
info.es@tharpa.com
www.tharpa.com/es

Oficina en México
Enrique Rébsamen nº 406
Col. Narvarte Poniente,
C.P. 03020
México D.F., México
Tels.: (+52/01) 55 56 39 61
80/86
tharpa@kadampa.org.mx
www.tharpa.com/mx

Oficina en Alemania
Tharpa Verlag Deutschland,
Chausseestraße 108
10115 Berlin , Alemania
Tel: +49 (0) 33055 222135
Fax : +49 (0) 33055 222139
info.de@tharpa.com
www.tharpa.com/de

Oficina en Asia
Tharpa Asia
1st Floor Causeway Tower, 16-22
Causeway Road, Causeway Bay,
Hong Kong
Tel: +(852) 2507 2237
info.asia@tharpa.com
www.tharpa.com/hk-en

Oficina en Australia
Tharpa Publications Australia
25 McCarthy Road (PO Box 63)
Monbulk, Vic 3793, Australia
Tel: +61 (3) 9752 0377
info.au@tharpa.com
www.tharpa.com/au

Oficina en Brasil
Editora Tharpa Brasil
Rua Artur De Azevedo, 1360
São Paulo - SP, Brasil
Tel/Fax: +55 (11) 3476 2328
info.br@tharpa.com
www.tharpa.com.br

Oficina en Canadá
Tharpa Publications Canada
631 Crawford St,
Toronto, ON, M6G 3K1,
Canadá
Tel: +1 (416) 762-8710
Fax: +1 (416) 762-2267
Toll-free: 866-523-2672
info.ca@tharpa.com
www.tharpa.com/ca

Oficina en los Estados Unidos de América
Tharpa Publications US
47 Sweeney Road
Glen Spey, NY 12737, Estados Unidos de América
Tel: +1 845-856-5102
Fax: +1 845-856-2110
info.us@tharpa.com
www.tharpa.com/us

Oficina en Francia
Editions Tharpa
Château de Segrais
72220 Saint-Mars-d'Outillé, Francia
Tel : +33 (0)2 43 87 71 02
Fax : +33 (0)2 76 01 34 10
info.fr@tharpa.com
www.tharpa.com/fr

Oficina en Japón
Tharpa Japan
Dai 5 Nakamura Kosan Biru #501
Shinmachi 1-29-16, Nishi-ku
Osaka, 550-0013, Japón
Tel : (+81) 665 327632
info.jp@tharpa.com
www.tharpa.com/jp

Oficina en el Reino Unido
Tharpa Publications UK
Conishead Priory
Ulverston
Cumbria, LA12 9QQ, Inglaterra
Tel: +44 (0)1229-588599
Fax: +44 (0)1229-483919
info.uk@tharpa.com
www.tharpa.com/uk

Oficina en Sudáfrica
Mahasiddha Kadampa Buddhist Centre
12a Winston Rd, Westville,
Durban 3630, Sudáfrica
Tel : (+27) 31 266 0148
info.za@tharpa.com
www.tharpa.com/za

Oficina en Suiza
Tharpa Verlag AG
Mirabellenstrasse 1
CH-8048 Zürich, Suiza
Tel: (+41) 44 401 02 20
Fax: (+41) 44 461 36 88
info.ch@tharpa.com
www.tharpa.com/ch